Dalkarlssjön

om skogsfinnar, bergsmän och torpare

Torgny Låås

© 2022 Torgny Låås

Förlag: BoD – Books on Demand, Stockholm, Sverige

Tryck: BoD – Books on Demand, Norderstedt,Tyskland

ISBN:978-91-8007-990-7

Förord

Den här berättelsen är primärt en släkhistoria med en specifik geografisk förankring, nämligen trakten runt Dalkarlssjön i östra Värmland. En släktberättelse som kan ses som representativ för de flesta släkten i området varför den också är ett stycke lokalhistoria med ett underifrånperspektiv.

Släkthistoriens första del baserar sig huvudsakligen på domböcker och mantalslängder, medan den andra delen, från mitten av 1700-talet till nutid, framför allt bygger på ministerialböcker. För att inte tynga framställningen i onödan är därför källhänvisningarna i andra delen inte lika utförliga som i den första, då dessa sakuppgifter i allmänhet är lätta att hitta jämfört med äldre tiders enskilda domstolsärenden i hundratals sidor handskrivna domstolsprotokoll.

Jag vill tacka Mats Eriksson som ledde in mig på Fribo-spåret när jag hade hamnat litet vilse, samt Peter Hellström, Jan-Erik Björk och Elisabeth Thorsell som också bistått med diverse faktauppgifter.

Efter bästa förmåga har jag bemödat mig att få sakinnehållet korrekt, men felaktigheter kan ha smugit sig in. Äldre dokument är t.ex. Inte alltid så lätta att läsa och rätt tolka. Om någon upptäcker något fel, är jag tacksam om jag blir uppmärksammad på detta.

Kapitlet om Dalkarlssjöhyttans tillkomst är baserat på Gerhard de Geers bok om Dalkarlssjön. Varje detalj i skildringen kan kanske inte styrkas i urkunderna, men den detaljrika beskrivningen ger en målande, och säkert ändå en i stort, rättvisande bild av förloppet.

Författaren

6

Innehåll

Inledning

Dalkarlssjön, strax sydväst om nuvarande Lesjöfors i östra Värmland sägs ha fått sitt namn av att det var sjön på "Dalskogen", Värmlands bergslags gränstrakter mot Dalarna. Uppgifter att den har fått namnet genom att det var här dalkarlarna passerade på sina handlingsfärder söderut förekommer också.

Dalkarlssjötrakten på 2000- talet   Lesjöfors

Den gamla sockengräsen mellan Nordmark och Gåsborn/Rämmen skar rakt igenom Dalkarlssjön. Hyttan vid sjöns utlopp hade intressenter både på Nordmarks- och Rämmensidan. Fram till 1830-talet rubricerades samtliga torp på Rämmensidan söder, väster och nordväst om Lesjöfors kollektivt som "Dalkarlssjön". Men från och med 1832 års husförhörslängder är varje enskilt torp specificerat. Samtliga dåtida boplatser går faktiskt lätt att hitta även på moderna kartor. I Tithöjdens två bosättningar, t.ex .redovisas 1832 två familjer, de två bröderna Jonas och Hindrik Jonsson. Den nordliga Tithöjdsbosättningen är ej markerad på kartan, men låg mellan Sjöstad och den markerade Tithöjdsbosättningen.

8

Trakten runt Dalkarlssjön och Lesjöfors ligger förvisso i Värmlands bergslag, "Värmlandsberg", men det var ändå inte bergshanteringen som här först bröt bygd.

Redan under medeltiden fanns fast bosättning runt de rika gruvorna i Persberg och Nordmark, men norr därom härskade fortfarande en otillgänglig ödemark. Här fanns varken vägar eller stigar. Trakten runt Dalkarlssjön ligger i den sydligare delen av denna ödemark. De första bosättarna kom hit i slutet av 1500- och början av 1600-talet och var av finsk härstamning, skogsfinnar. De röjde mark för sina svedjor, jagade och fiskade och skötte sin boskap samt bosatte sig på lämpliga platser i trakten.

Släktkrönika del 1: Äldsta tiden. Från skogsfinnar till Bergsmän

Vad gäller Dalkarlssjöns äldsta historia kommer vi i de inledande avsnitten att följa tre släktlinjer tills de sammanstrålar i författarens fm ff ff fm, Maria Larsdotter (1720-1808), som inleder sitt vuxna liv som välbeställd, nästan förmögen bergsmanshustru för att, när hon vid hög ålder avled, vara totalt utfattig. Den vanliga klassresan för bergsmansfamiljer vid den tiden!

Generation

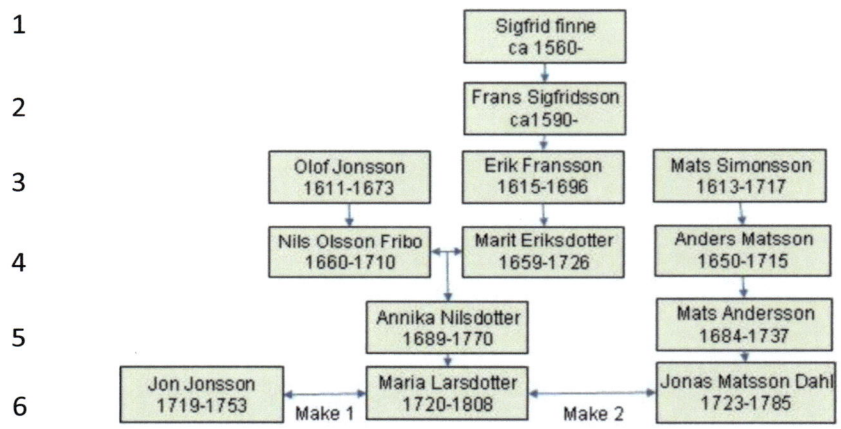

Schematisk bild av de tre släktlinjerna

Första avsnittets tre släktlinjer :

1. **Sigfrid finne**: Den som först byggde och röjde vid Dalkarlssjön.
2. **Olof Jonsson** (1611-1673), som röjde och byggde Fribotorp.
3. **Mats Simonsson ; "Suder-Mattes"**, också en av de första vid Dalkarlssjön.

Av dessa är Sigfrid och Suder-Mattes odiskutabelt av finsk härstamning, skogsfinnar. Olof Jonssons ursprung är mera oklart. Inga vägledande epitet har noterats och som född i Finnshyttan känns både svensk och finsk härstamning som ungefär lika sannolika. I nästa avsnitt kommer vi att följa släktlinjen från Marias första make Jon Jonssons förfäder och fram till nutid.

10

Med sina ännu obebyggda och orörda stränder ger Dalkarlssjön en stark vildmarkskänsla och ser likadan ut nu som när våra skogsfinska förfäder anlände för 400 år sedan.

Dalkarlssjöns tidigaste nybyggare

Nybyggare 1: Sigfrid finne, nybyggare, Generation 1

Den första gången författaren sett Dalkarlssjön omnämnas i mantals- eller tiondelängder är i 1618 års Tiondelängd för Värmlands Bergslags torpare då *"Sigfrid i Dalesjö"* som ensam torpare i Dalkarlssjön får skatta hela 8 skäppor råg[1]. Sigfrid fortsatte att beskattas mer än de flesta andra finnetorparna på trakten även de kommande åren.

Under rubriken *"Mantalet på tiende registrit på vermelandz bergzlag 1621 thu 21 novembris"* listas personer i området och deras beskattningsbara skörd. Rågen dominerade kraftigt, men även korn och havre förekom. De flesta påfördes 2-4 sk att betalas i skatt (sk= 1 skäppa= ca 30 l), men *"Sigfrid i Dalsiö"* utmärker sig även

---

1 Landskapshandlingar, Landskapshandlingar Värmlands handlingar, SE/RA/5121/5121.07/1618: 6 (1618), bildid: A0051203_00115

11

nu med hela 6 sk, mer än någon annan! Sigfrid påfördes alltså ca 180 l råg att betala kronan i skatt[2].

Sannolikt var Sigfrid den som först bosatte sig vid Dalkarlssjön, exakt var är oklart, men det borde ha varit omkring 1610 eller strax efter. Den Örjan i Dahl som nämns i samma dokument för 1 sk råg och som enligt trovärdig uppgift var en son till Sigfrid, har inte stått att återfinna i senare dokument[3].

Samma år, 1621, blev *Sigfrid widh Dahlkarlssiön* tillsammans med tio andra bestraffade för att de *medh tredsko försumat skiutzfärder* när H: Majjtt drottningen besökte Bergslagen. De fick vardera böta 3 mark penningar.[4]

Efter att Sigfrid i februari 1622 tillsammans med 23 andra torpare återigen blivit stämd att böta 3 mark vardera, har han inte vidare gått att återfinna i arkiven.[5] Han kan ha "gått ur mantal" av åldersskäl eller helt enkelt avlidit. Brottsrubriceringen är svårläst, svårbegriplig och kryptisk, men verkar ha att göra med någon form av trots mot överheten. Sigfrid var inte ensam i Dalkarlssjön att bestraffas. *Pål*, som varken förr eller senare synts till i några dokument, fick också böta. Måhända var de bröder? Varken något patronymikon eller skogsfinsk namn finns noterat, bara tilltalsnamnen.

Vid marstinget 1629 anklagas Eskil Sigfridsson för att ha fördärvat Nils Håkanssons häst, som han haft till förvaring.[6] Hästen värderades till 1 till 1½ fat (sic!). Rätten dömde Eskil att ersätta hästen med 1 fat som förlikning. Inga detaljer angavs om tolkningen av begreppet "fördärvat". Också oklart för författaren vad den märkliga enheten *"fat"* står för.

Vid samma ting 1629 förbjöds också finnarna vid Gåsborns och Dalkarlssjöhyttan (sic!) vid 40 marks böter att hugga fall på Långbansände innan det varit laga syn på

---

2 Landskapshandlingar, Landskapshandlingar Värmlands handlingar, SE/RA/5121/5121.07/1621: 3 (1621), bildid: A0051210_00208

3 Jan-Erik Björk privat.

4 Göta Hovrätt - Advokatfiskalen Värmlands län (S) EVIIAAAL:1 (1602-1632) Bild 109 / sid 11 (AID: v81392.b109.s11, NAD: SE/VALA/0382503)

5 Göta Hovrätt - Advokatfiskalen Värmlands län (S) EVIIAAAL:1 (1602-1632) Bild 136 (AID: v81392.b136, NAD: SE/VALA/0382503)

6 Göta Hovrätt - Advokatfiskalen Värmlands län (S) EVIIAAAL:1 (1602-1632) Bild 246 / sid 10 (AID: v81392.b246.s10, NAD: SE/VALA/0382503)

gränsen mellan hyttorna. Notera att *Dalkarlssjöhyttan* namnges explicit som *hytta*, trots att den inte skulle få sina hytteprivilegier förrän 1642, 13 år senare!

Vid sommartinget samma år (1629) får finnen Frans Sigfridsson rättens godkännande att bygga ett torp *"weedh Daalkjars bäcken i den skogh och mark som der finnes"* efter att rätten vittnat att ingen bolby skulle komma till skada eller någon annan förfång[7]. Med *"bäcken"* avses sannolikt Dalkarlssjöälven[8] som rinner ur sjöns södra ände, där också hyttan kom att ligga.

Det är tunt med detaljuppgifter från tiden, men en rimlig gissning är att Eskil var den äldre brodern som fick ta över fädernegården efter fader Sigfrid, medan Frans fick röja nytt åt sig i närheten.

I 1630 års *skattelängd* för "Årliga Räntan" noterades Mårten och Eskil som enda namn för Dalkarlssjön. Under rubriken *"Kronotorpare"* får de skatta var sina blygsamma 3 daler. Christopher i Sundsjön ("Lång-Christopher") får t.ex skatta det dubbla[9]. Tretton år senare, 1643, noteras bröderna åter i *matalslängden* under Dalkarlssjön som *"Morten"*, resp. *Eskil Sigfridsson* med 2 mantal vardera (man och hustru?).[10] Av senare mantalslängder framgår att även Mårtens patronymikon var "Sigfridsson" och alltså ännu en broder till Eskil och Frans och ännu en son till *"Sigfrid finne"*.

Sigfrid verkar sålunda ha haft fyra söner (minst!): Eskil, Örjan, Mårten och vår anfader, Frans.

I novembertinget 1645 förklarades Eskil skyldig att *"lefwerera sin styffdotter Karin Påwelsdotter en koo som war henne giffuin aff hennes moderbroder Mattz Erichzson i Hult, emädan hon war kalff."*[11] 1645 är också sista året Eskil finns upptagen i mantalslängden.

---

7   Göta Hovrätt - Advokatfiskalen Värmlands län (S) EVIIAAAL:1 (1602-1632) Bild 248 / sid 12 (AID: v81392.b248.s12, NAD: SE/VALA/0382503)

8   Den lilla bäck som avvattnar sjön och som drev hyttanläggningen kallas faktiskt "älv"!

9   https://sok.riksarkivet.se/bildvisning/A0052809_00006

10 Mantalslängder 1642-1820 Nora eller Järla län 1642-1647 (S, T) 2 (1643) Bild 480 / sid 193 (AID: v840990a.b480.s193, NAD: SE/RA/5520318)

11 Färnebo häradsrätt (S) AIa:1 (1638-1655) Bild 39 / sid 81 (AID: v48202.b39.s81, NAD: SE/VA/11146)

Frans Sigfridsson, som år 1629 fick klartecken för att bygga, finns över huvud taget inte representerad i mantalslängderna för de närmast följande åren, kanske uppfattades hans nybyggda torp som för litet för att kunna beskattas? Men 21 år senare, år 1650, dyker *Erik Fransson* för första gången upp i mantalslängderna för Dalkarlssjön. Även om direkta bevis saknas, kan vi nog lugnt utgå från att det är Frans Sigfridssons son. Han antecknades som ensam man utan några beskattningsbara tillgångar[12]. Men redan året därpå, 1651, bokfördes han med 3 mantal (kön och relationer ej specificerade, men gissningsvis hustru och dräng eller broder) samt 1 föl, 2 kor och 1 gris[13]. Tre år senare, 1654, får vi reda på att hustrun hette Ingeborg. Någon tredje person nämndes inte, liksom inte heller några djur.

Ytterligare 3 år senare, 1657, noterades Erik som ensam på torpet med en piga. Hustrun saknades, gissningsvis avliden. Några andra vuxna personer fanns inte heller noterade[14]. Men som för så många andra torpare på trakten, gick det dåligt också för Frans och sonen Erik.

Skulderna ökade. I vintertinget 1658 konstaterades att Erik var skyldig Mr. Simon (= Simon Skragge) och hans moder och syster 100 vikter tackjärn och 30 daler kopparmynt samt Evert Strokirks hustru 76 vikter och 2 lispund tackjärn. Men han fick anstånd till nästa ting för återlösen av hemmet trots att det redan uppbudits 3 gånger under föregående år[15].

Om Erik Fransson kunde återlösa sitt torp efter utbudet 1650 är oklart, men uppenbarligen lyckades han ändå hålla sig kvar i Dalkarlssjön och fortsätta sitt skogsfinska liv. I vintertinget 1678 fick han liksom Jöns Matsson i Älgsjön jämte flera andra böta 20 mark för *"utsatt skogseld"* samt dessutom *"wedergiälle till hella skadan till måhlsägharne bland hwilka Wäll-t Samuel Kålbärg är en som mächta stor skadha fått hawer, och skall af gode men wärderas"*. Det kan nog ha blivit ett

---

12 Mantalslängder 1642-1820 Örebro län 1642-1820 (S, T) 9 (1650) Bild 1280 / sid 833 (AID: v903377.b1280.s833, NAD: SE/RA/5520319)

13 Mantalslängder 1642-1820 Örebro län 1642-1820 (S, T) 9 (1650) Bild 1290 / sid 834 (AID: v903377.b1290.s834, NAD: SE/RA/5520319)

14 Mantalslängder 1642-1820 Örebro län 1642-1820 (S, T) 16 (1657) Bild 2630 / sid 836 (AID: v903384.b2630.s836, NAD: SE/RA/5520319)

15 Färnebo häradsrätt (S) AIa:2 (1656-1667) Bild 32 / sid 55 (AID: v48203.b32.s55, NAD: SE/VA/11146)

mycket kostsamt rågfall för Erik![16]. Bland de bötfällda för *"utsatt skogseld"* fanns märkligt nog också en kvinna; Ingeborg Torbjörnsdotter i Svartsången.

Domstolsprotokollen från den här tiden, 1600-talets andra hälft, är fulla av ärenden angående *"finnars fallbrännande"* .

Så klagade t.ex skogvaktaren Nils Pihl vid oktobertinget i Filipstad 1679 på inte mindre än 12 finnar för *"skogarnes missbruk och utsläppt skogseld"* samt att *"finnarne där nord sällan eller aldrig göra tionde af sina fall"*. Samtliga finnar fick dryga böter på mellan 12 och 40 mark utom utfattige Erik Jönsson som fick straffet på 20 mark omvandlat till gatlopp.

Förutom de specifika skogseldsärendena klagade Skogvaktaren allmänt över finnarnas på *"Daleskogens olydighet mot ågångne förbud"*. Rätten instämde och fann finnarna i *"sanning vara oregerlige"* och beslöt att man skulle konsultera Landshövdingen[17]! Oklart hur det gick med den saken.

Erik Franssons ekonomiska bekymmer fortsatte. Vid ett e.o. ting i Filipstad i augusti 1683 lät fordringsägaren Hindrik Herweg (handlande, rådman och brukspatron i Filipstad) inteckna en obligation på 908 daler k-mt eller 113 kungs-skeppund och 12 skålpund tackjärn (ungefär 20 ton!) som Erik Fransson vid Dalkarlssjön förbundit sig att betala. Som säkerhet hade Erik satt hela sin egendom i Dalkarlssjön[18]. Notera att Erik kunde välja att betala skulden med pengar eller tackjärn – båda utgjorde alltså gångbar valuta för att reglera skulden.

Vid septembertinget samma år, 1683, var Erik Fransson och ett par andra torpare från Asphyttan anklagade av skogsmästaren Johan Wildman för *"skogsfällande"*. Ingen av dem infann sig. De fick var sina 3 mark i böter.[19]

---

16   Göta Hovrätt - Advokatfiskalen Värmlands län (S) EVIIAAAL:24 (1676-1680) Bild 95 / sid 4 (AID: v81415.b95.s4, NAD: SE/VALA/0382503)

17   Färnebo häradsrätt (S) AIa:3 (1679-1684) Bild 19 / sid 23 (AID: v66199.b19.s23, NAD: SE/VA/11146)

18   Färnebo häradsrätt (S) AIa:3 (1679-1684) Bild 148 / sid 281 (AID: v66199.b148.s281, NAD: SE/VA/11146)

19   Färnebo häradsrätt (S) AIa:3 (1679-1684) Bild 163 / sid 311 (AID: v66199.b163.s311, NAD: SE/VA/11146)

Och motgångarna fortsatte! Vid nästa år septemberting, 1684, var Erik åter anklagad av skogvaktaren för sina aktiviteter i skogen. Han dömdes efter skogsordningen till 12 rdr silvermynt i böter för att ha *"vålbränt och skövlat"* skog.[20]

Oklart om Erik kunde betala sina skogsskövlingsböter, men skulden till Hindrik Herweg klarade han uppenbarligen inte av. Vid samma septemberting 1684 uppböd Herweg Franssons egendom vid Dalkarlssjön för den tidigare angivna mängden tackjärn[21].

Herwegs anspråk på ägande till Friboegendomen gick uppenbarligen igenom. Vid julitinget 1688 begärde han att få *"Oluf Fribos egendom i Dalkarlssiön"* värderad då han den *"till någon bergzman försällia will"*.

De ekonomiska transaktionerna vid den här tiden är många och svårtydda och näst intill omöjliga att följa i detalj. Samtidigt som Olof Jonsson Fribos egendom övergick i Hindrik Herwegs ägo, så *köpte* Olofs son, Nils Olofsson, sin svärfaders, Erik Franssons, 1/32-del i Dalkarlssjöhyttan för 12 Rdr silvermynt[22]!

Men även om de komplicerade ekonomiska transaktionerna är svåra att följa är det övergripande mönstret är ändå mycket tydligt: Självägande nybyggare, torpare och bergsmän blir efter hand alltmer skuldsatta till handelsmännen, huvudsakligen i Filipstad, och senare brukspatronerna, och förlorar med tiden äganderätten till sina hemman.

---

20 Färnebo häradsrätt (S) AIa:3 (1679-1684) Bild 174 / sid 333 (AID: v66199.b174.s333, NAD: SE/VA/11146)

21 Färnebo häradsrätt (S) AIa:3 (1679-1684) Bild 182 / sid 349 (AID: v66199.b182.s349, NAD: SE/VA/11146)

22 Färnebo häradsrätt (S) AIa:4 (1685-1689) Bild 281 / sid 273 (AID: v66200.b281.s273, NAD: SE/VA/11146)

Nybyggare 2: Nils Olsson Fribo griper in (Generation 4)

Trots alla motgångar med stora skulder och dryga domar för sina skogliga aktiviteter och att torpet uppbjöds till försäljning verkar det ändå som att Erik lyckades hanka sig kvar vid torpet till 1688 då han blev räddad av nyblivne svärsonen Nils Olsson Fribo, som då köpte Erik Franssons 1/32-del i Dalkarlssjöhyttan för 12 Rdr silvermynt.[23] Samma år gifte sig nämligen Nils Olsson Fribo och Marit Eriksdotter, Sigfrid finnes sonsons dotter.

Nils Olssons far, Olof Jonsson Fribo, noterades i dödboken 1673 som född i Finshyttan[24]. Troligen var det han som tog upp Fribotorpet. Han noterades i mantalslängden första gången 1642 som ensamstående *"Oluf i Fribotorp"*[25]. Någon förklaring till namnet *"Fribo"* har inte stått att finna.

Sista gången Marits fader, Erik Fransson, fanns upptagen i mantal var år 1686. Han noterades då för 3 vuxna personer, 1 häst och 4 kor[26]. I nästa mantalslängd 1691, alltså 4 år senare, saknades Erik Fransson, men i stället fanns sonen Sigfrid Ersson, som nu tagit över stället. Han noterades för man och hustru, 1 häst och 4 kor[27].

I ett anmärkningsvärt mål 1694 tilldömdes Sigfrids son, Johan Sigfridsson (alltså Marits brorson), ett avsevärt skadestånd efter att han i Lesjöfors varit i våldsamt knivslagsmål med kolaren Sven Månsson[28]. Vid rättegången i oktober inställde sig Johan, men inte hans motpart Sven Månsson. Johan visade rätten axeln och halsen *"huar uti han hadhe twenne faslige och stora ärr efter een tälgknyf"*. Johan klagade dessutom över värk och förlorad hörsel på vänstra örat och att vänstra armen var förlamad. Han begärde 4 riksdaler i skadestånd för sveda och värk samt för lön till den fältskär han måst anlita.

---

23   Färnebo häradsrätt (S) AIa:4 (1685-1689) Bild 281 / sid 273 (AID: v66200.b281.s273, NAD: SE/VA/11146)
24   Filipstad (S) F:1 (1664-1758) Bild 13 / sid 19 (AID: v5821.b13.s19, NAD: SE/VA/13110)
25 Mantalslängder 1642-1820 Nora eller Järla län 1642-1647 (S, T) 1 (1642) Bild 460 / sid 178   (AID: v840989a.b460.s178, NAD: SE/RA/5520318)
26   Mantalslängder 1642-1820 Örebro län 1642-1820 (S, T) 44 (1686) Bild 2190 / sid 213 (AID: v903412.b2190.s213, NAD: SE/RA/5520319)
27   Mantalslängder 1642-1820 Örebro län 1642-1820 (S, T) 49 (1691) Bild 2060 / sid 1335 (AID : v903417.b2060.s1335, NAD: SE/RA/5520319)
28   Färnebo häradsrätt (S) AIa:6 (1692-1695) Bild 223 / sid 215 (AID: v66202.b223.s215, NAD: SE/VA/11146)

En insänd beskrivning av händelseförloppet från bruksskrivaren Elias Kolberg kompletterade bilden. Av inte angiven anledning hade Johan Sigfridsson och Sven Månsson i våras kommit in i hans kammare där han låg sjuk. De två kontrahenterna var uppenbarligen redan i luven på varandra eftersom de knappt hunnit in i rummet förrän Sven slagit Johan en örfil varpå Johan kontrat med att slå en masmästarestock (sic!) i Svens huvud. Vittnet Elias Kolberg körde då ut de två slagskämparna som dock fortsatte bråket utanför. Där hade Sven först givit Johan tre *"sting"* i halsen och axeln med en kniv, men Johan hade då tagit kniven från Sven och givit honom *"ett ristande hela armen uthföre igen"*, vilket också Johan tillstod.

Domstolen dömde Sven Månsson för *"contumaciam"* (= domstolstrots) att böta 12 mark till Johan för lytet och 20 mark *"treskiftes"* (en gammal typ av skadeersättning där ersättningen fördelades mellan kungen, målsäganden och häradet). Vidare skulle örfilen och blodvitet ersättas med 3 resp. 6 mark. Dessutom dömdes Sven att *"ett för alt"* betala Johan 6 daler silvermynt för hans *"wedermöda, hinder och läkiare löhn"*.

Men Johan kom inte heller undan ansvar. Han fick plikta med 6 mark för blodsåret han huggit Sven och 3 mark för slaget med stocken.

Dessutom dömdes båda kontrahenterna till 40 marks vite för deras *"oförlyklighet"*. Exakta orsaken till det sista bötesbeloppet är något kryptiskt, men kan tolkas som att de fick böta för att de fortfarande var oense och vägrade förlikas. Någon förklaring till orsaken till bråket finns inte angiven!

Totalt dömdes Sven Månsson att böta 7 daler och 8 öre silvermynt medan Johan Sigfridsson kom undan med 2 daler och 8 öre[29].

I en annan märklig rättegång i januari 1719 anklagades den 69-årige Sigfrid Eriksson (sonsons son till "Sigfrid finne" och broder till Marit Eriksdotter) av bruksförvaltaren Nils Pihl för att ha skjutit ihjäl en två års galt för Hr Pihl[30]. Sigfrid förnekade inte händelsen, men menade att han inte haft för avsikt att döda någon när han *"skutit i svinehopen"*. När Sigfrid tog emot stämningen förklarade han direkt att han inte

---

29 Färnebo häradsrätt (S) AIa:6 (1692-1695) Bild 233 / sid 225 (AID: v66202.b233.s225, NAD: SE/VA/11146)

30 Färnebo häradsrätt (S) AIa:15 (1710-1712) Bild 401 / sid 791 (AID: v48939.b401.s791, NAD: SE/VA/11146)

tänkte infinna sig vid tinget, vilket han inte heller gjorde. Sigfrid dömdes till 10 daler silvermynt i böter för svinet och lika mycket för svarandens tingsomkostnader. Någon förklaring till varför Sigfrid överhuvud taget skjutit *in i svinhopen* angavs inte!

Nybygare 3 : Mats Simonsson; "Suder-Mattes" ; Generation 3

Den 28 september 1963 avtäckte Finlands ambassadör i Stockholm, Sakari Tuomioja konstnären Martti Peitsos staty över Suder-Mattes på kullen vid Sjösta. Initiativtagaren, baron Gerhard De Geer, höll invigningstalet [31].

2016 skedde en "nyinvigning" efter att den s.k. "Onsdagsgruppen" i Lesjöfors under två år röjt upp på platsen och kompletterat med sittbänkar och informationsskyltar och gjort platsen till ett trevligt utflyktsmål.

Enligt andrahandsuppgift som inte kunnat verifieras i någon samtida källa skulle fadern till den berömde "Suder-Mattes" ha varit en av de första nybyggarna vid Dalkarlssjön och den som grundade bosättningen Södra Sjösta, varav han också skulle ha fått sitt namn "suder"=söder[32]. Samma andrahandskälla uppger också utan källa att hans finska släktnamn var Somurinen. Det enda vi med säkerhet vet om Suder-Mattes far är att han hette Simon. Släktnamnet är oklart, liksom om han någonsin vistades vid Dalkarlssjön.

---

31   http://www.filipstadsgille.se/album/136
32 Gerhard de Geer "Dalkarlssjön" Bonniers 1957

20

Någon generation senare togs torpet Tithöjden[33] upp på Dalkarlssjöns östra sida, strax söder om denna och som *"en avläggare av den finska bosättningen vid Sjösta"*.

Mats Simonsson nämns i mantalslängden första gången 1642[34] då han noterades för 2 mantal – sannolikt man och hustru. Han, eller fadern, bör då ha tagit upp torpet vid Dalkarlssjöns östra ände, Sjösta, någon gång under 1630-talets andra hälft.

Några år efter att Dalkarlssjöns masugn tagits i drift och när de nyblivna bergsmännen som intensivast arbetade för att få fart på verksamheten drabbades Suder-Mattes familj av den stora katastrofen. Vid majtinget 1653 i Filipstad framkommer att förra året *"om sädesanden"* hade en våldsam eldsvåda härjat så att hela hemmanet, hus, lösören, hö, och korn brunnit ner. Allt utom boskapen som *"låg i qwidjan"*. Mats blev dessutom själv illa skadad när han tog ut barnen[35].

---

33 *C. A. Gottlund DAGBOK över mina vandringar på Wermlands och Solörs finnskogar 1821 ISBN 82-90629-00-1:*
 I dagboksanteckningen för onsdagen den 15/8 1821 kommenterar C A ortsnamnet "Tithöjden" (Glava) med *"där det helt säkert bott av släkten Tiitinen"*. Något släktnamn Tiitinen finns emellertid inte registrerat i den omfattande översikten över skogsfinska släktnamn "Skogsfinska släktnamn i Skandinavien" sammanställd av Gabriel Bladh, Jan Myhrvold och Niclas Persson. Det lokala uttalet av ortsnamnet med långt "i" stöder att Gottlunds antagande äger sin giltighet även för Tithöjden vid Dalkarlssjön.

34   Mantalslängder 1642-1820 Nora eller Järla län 1642-1647 (S, T) 1 (1642) Bild 460 / sid 178 (AID: v840989a.b460.s178, NAD: SE/RA/5520318)

35 Färnebo häradsrätt (S) Ala:1 (1638-1655) Bild 100 / sid 201 (AID: v48202.b100.s201, NAD: SE/VA/11146)
Göta Hovrätt - Advokatfiskalen Värmlands län (S) EVIIAAAL:6 (1653-1654) Bild 40 / sid 71 (AID: v81397.b40.s71, NAD: SE/VALA/0382503)
"Näst witnade Nämnden att i fiord om sädesanden kom elden löös om natten uthi Dalkarlssjön genom muren i wäggen,och affbrände för Mattz Simonsson ibidem alla hans hus, så att han inthet behölt mehr än ett gamalt fähus, jämnwäll alt hans husgerådh, höö, korn och .... så att ej mehre nöt theraf än blotta boskapen som lågh i qwijan. Han bleff sielff så illa skadd, thet han togh widh barnen att han giek länge ofärdigh."

Förf. kommentar: *"Sädesanden"* är ett gammalt nordiskt uttryck för skördetiden, men uttrycket har också haft en helt annan, mytologisk betydelse. Under skördens gång flydde sädesanden undan i sädesfältet och blev till sist kvar i de sista stråna som skulle samlas med speciella riter för att säkra god skörd även nästa år. (forts. nästa sida!)

Vid majtinget 1679 i Filipstad anklagades *"Sör-Mattises söner"* vid Dalkarlssjön för häleri. De påstods ha köpt en silverkopp som *" en tiuf och mördare"* för 4 år sedan stulit från Lars Persson vid Kärvingeborn. Ärendet uppskjöts emellertid eftersom huvudvittnet, Per Carlsson vid Långbansände, var frånvarande[36]. (Notera skrivningen *"sör"* = söder för Suder-Mats epitet!)

Suder-Mattes själv har lämnat få spår efter sig i dokumenten, men hans söner förekommer desto oftare och verkade ständigt ha brottats med skulder och dålig ekonomi.

I junitinget 1687 lät sålunda Rådmannen Hindrik Herweg inteckna en obligation från Peder Matsson Dalkarlssjön på 40 skeppund tackjärn att betala inom ett år från 31 mars 1687. Som pant för betalningen hade Peder satt hela sin egendom. Vid samma ting noterades också Pers/Peders broder Henrik vara skyldig Herweg ungefär lika mycket. Han hade också tvingats sätta sin egendom med 1/16 del i hyttan, skog och mark i pant. Henrik hade dock fått litet längre respit, ända till och med året 1689[37]!

Detaljerna för hur skulderna hos Suder-Matteshemmanet utvecklades och reglerades under de närmast följande åren är oklara, men vid junitinget i Filipstad 1692 uppböds för första gången Johan Matssons, Anders Matssons och Henrik Matssons lösa och fasta egendom vid Dalkarlssjön efter obligation emot

---

Det är också anmärkningsvärt att det sädesslag som nämns som förlorat var korn. Det annars i finnbygderna gängse råg nämns inte, men i texten finns plats lämnad för ytterligare ett förlorat sädesslag, som skulle ha kunnat vara råg, men i Advokatfiskalens version av protokollet står "höns".

Vi får också veta att Mats år 1652 hade minst två barn, som var så små att de behövde hjälp att komma ut ur det brinnande huset.

"qwidjan", eller *"kyan"* en liten inhägnad utanför sommarladugården.

36   Färnebo häradsrätt (S) Ala:3 (1679-1684) Bild 11 / sid 7 (AID: v66199.b11.s7, NAD: SE/VA/11146)
37   Färnebo häradsrätt (S) Ala:4 (1685-1689) Bild 157 / sid 150 (AID: v66200.b157.s150, NAD: SE/VA/11146)

skuldfordran[38]. Borgenär var nu Biör Olsson i Filipstad. Broder Per nämns inte i sammanhanget, måhända avliden eller möjligen avflyttad. Oklart om det är de gamla skulderna till Herweg som Biör Olsson övertagit eller om det handlade om helt nya.

Uppstyckningen av Suder-Mattes hemman fortsatte. Vid septembertinget 1718 uppböds för tredje gången bergsman Jon Olofssons köp av 1/32-del i Dalkarlssjöhyttan med hammare, skog och mark samt 3½ vretdel och hälften av Suder-Mattes hemman inklusive husen vid hyttan[39]

Detta köp skulle emellertid tämligen omgående bli ifrågasatt. Vid junitinget 1719 menade Suder-Mattes sonson Carl Andersson att Jon Olofssons köp av hemmanet för 25 d-r kpp-mt inte gått rätt till[40]. Carl hävdade sin bördsrätt och krävde att få köpa tillbaka egendomen för samma summa. Trots ihärdiga försök från Carl Andersson kunde rätten bara konstatera att köpet faktiskt gått helt rätt till och inkluderat de lagstadgade tre uppbuden. Rätten bekräftade sitt tidigare beslut och fastställde Carl Anderssons begäran: *"Börd eller Lösen der af Kraftlös förklara."*

38 Färnebo häradsrätt (S) AIa:6 (1692-1695) Bild 34 / sid 27 (AID: v66202.b34.s27, NAD: SE/VA/11146)

39 Färnebo häradsrätt (S) AIa:16 (1713-1718) Bild 408 (AID: v66212.b408, NAD: SE/VA/11146)

40 Göta Hovrätt - Advokatfiskalen Värmlands län (S) EVIIAABC:39 (1719) Bild 115 (AID: v102060.b115, NAD: SE/VALA/0382503)

Fribobrödernas kamp

Grannsämjan vid Dalkarssjön verkar inte ha varit den allra bästa. Vid novembertinget 1692 klagade grannen Göran Bertilsson (Kemppainen) och Lars Svensson på Nils Olsson (Fribo!) för *"tillvållad rättighet uti ett fall emedan ingen besichtning derpå wore lagl-n skedd"*. Ärendet uppsköts till våren, då fallet skulle besiktigas av utsedda män och bestämmas hur stor del som skulle tillfalla Nils Olsson[41].

Det var svåra tider för Fribobröderna! Grannar var inte enda bekymret. Vid vårtinget 1693 klagade Hans Höök från Filipstad på bröderna Nils och Per Olssöner i Fribotorpet vid Dalkarlssjöhyttan för att de *"dragit på sig"* en skuld om 721 daler 5 öre kopparmynt från Mats Olssons stärbhus[42]. Tolkningen av *"dragit på sig"* är inte uppenbar. Var det månne en skuld som de ärvt från en avliden broder? Hans Höök anförde vidare att egendomen som bröderna äger tillsammans bara är ½ av 1/16del och alltför liten att leva på och att de därför *"utarmar varandra"*. Han bad därför rätten att *"döma Nils som odugligast därut"*, dvs att vräka Nils, så att Per *"som någon förhoppning gifwer om arbetzamheet måtte dher ensam sittiande blifwa"*, så att han efter hand skulle kunna betala av skulden.

Det är lätt att förstå brödernas förtvivlan. Nils vädjade till Rätten att inte göra honom husvill och bröderna vädjade tillsamman till Rätten att få några års respit. Med beaktande av att till hemmanet hör också *"tämmeligh godh skogh"* köpte Rätten brödernas vädjan och fann *"skiäligdt dhem bägge till prof på twenne åhr dher wydh att bijbehålla"*. Rätten menade att de två tillsammans hade större möjlighet att reglera skulden än någon av dem ensam. Men om inget av skulden var betald efter två år skulle den *"försumligaste"* av dem vräkas!

Uppgifterna i mantalslängder och domböcker om Erik Franssons (Sigfrid finnes sonson) ägande i Dalkarlssjöhyttan är ofullständiga, svårbegripliga och delvis motsägande. Vid oktobertinget 1701 i Filipstad förordnades sålunda tre nämndemän att mot skuldfordran hos Hr. Rådman (= Henrik Herweg) värdera *"den*

---

41   Färnebo häradsrätt (S) Ala:6 (1692-1695) Bild 55 / sid 48 (AID: v66202.b55.s48, NAD: SE/VA/11146)

42   Färnebo häradsrätt (S) Ala:6 (1692-1695) Bild 86 / sid 79 (AID: v66202.b86.s79, NAD: SE/VA/11146)

1/8 uti Dalkarlsiöhyttan hemman skog och mark sahl. Erick Frantzon tillhörig![43] Vad hade egentligen hänt sedan svärsonen Nils Olsson Fribo 12 år tidigare köpt Erik Franssons 1/32-del?

Vid samma oktoberting 1701 anklagades Nils Olsson (Fribo) för en obetald skuld till Rådman och hammarpatron Hr Hendrick Herweg, som tillsammans med S-r Hans Höök samt Johan Matsson och Frans Olsson bevisade att stämningen mot Nils Olsson angående en fordran från 1694 på 63 rdr kmt var sänt till honom i laga tid. Utöver skulden krävde Herweg 9 Rdr kmt för *"contumaciter"* (= trots) och intresse (=ränta) och expenser. Rätten ger Hammarpatronen rätt i sak, men prutar *"expenserna"* till 6 Rdr. Nils Olsson döms alltså att prompt betala skulden på 63 rdr eller bevisa att den är betald, samt dessutom bl.a. för att han *"contumaciter uteblifwit"*, betala *"intresset"* på 6 Rdr.

Ursprunget till den 7 år gamla skulden framgår inte av protokollet, men det mest intressanta är kanske att hammarpatronen fick grannarna Johan Matsson (son till "Suder-Mattes"?) och Frans Olsson (Nils Olssons broder?? el annan släkt) att vittna mot sin granne Nils i Fribo. Kanske grannsämjan inte var den bästa??[44]

För att reglera Nils Olsson (Fribos) skuld om 180 R-r k-mt hade löjtnanten Clas Lindroth 1701 tilldömts ett *"vretstycke"*[45] som tillhört Nils Olssons egendom vid Dalkarlssjön. Vreten i fråga hade sedan överförts till Jonas Persson Vitlock mot att han skulle betala skulden. Lindroth krävde nu vid oktobertinget 1709 i Filipstad genom sitt ombud Nils Pihl ersättning för de 3 år Jonas Persson nyttjat vretstycket.

Jonas Persson menade å sin sida att vreten i fråga ingått i Nils Olssons 1/16 del i Dalkarlssjön som han lagligen köpt av H-r Hans Höök.

Eftersom Vitlock inte betalat något uti Fribotorpet till hammarförvaltaren och arrendatoren framlidne Hans Höök dömdes han att betala skulden om 180 d-r kmt plus omkostnader till *"Creditoren"*, dvs löjtnant Lindrot[46].

---

43   Göta Hovrätt - Advokatfiskalen Värmlands län (S) EVIIAABC:2 (1701) Bild 463 / sid 456

44   Göta Hovrätt - Advokatfiskalen Värmlands län (S) EVIIAABC:2 (1701) Bild 493 / sid 486 (AID: v101969.b493.s486, NAD: SE/VALA/0382503)

45   Vret= Inhägnad åkerlapp, avlägset beläget åkerstycke (Wikipedia)

46   Göta Hovrätt - Advokatfiskalen Värmlands län (S) EVIIAABC:39 (1719) Bild 115 (AID: v102060.b115, NAD: SE/VALA/0382503)

Runt 1720 hade bergsmannen Jan Olovsson vid Dalkarlssjön många ärenden! Sålunda gjorde han vid oktobertinget 1720 anspråk på Per Olofssons före detta egendom uti Fribotorpet med 1/32-del i Dalökarlssjöhyttan som han *"inlöst uhr giälld och skuld från aflidne hustru Ingiäll Höök"* för 300 d-r kopp-mt[47]. Han vägrades emellertid fasta då egendomen inte var lagligen värderad, vilket skulle ske till nästa ting. Dessutom uppmanades Jon Olovsson att *"inskaffa behörig underrättelse"* om den köpeskrift underskriven av Frans Olovsson (broder till Per?) där Jan Olovsson köpt samma egendom för 250 d-r kopp-mt och nu vill ha fastebrev! Detta fastebrev kunde dock inte beviljas då det i köpedokumentet uttryckligen står att VI sålt, men det bara finns EN underskrift.

Hela historien är mycket svårbegriplig. Hade Jan Olovsson verkligen försökt köpa samma egendom 2 gånger och av två olika personer? Osannolikt, men inte alldeles orimligt. Bergsman Jan Olovsson var mycket aktiv denna tid med många affärer på gång samtidigt!

Oklart också vems hustru Ingiäll Höök var.

Även om det i efterhand är svårt att följa alla turer framgår det ändå med all önskvärd tydlighet att de enskilda bergsmännen ständigt var under press att förlora sin egendom och sin bergsmansstatus. Som framgår av domstolsreferaten ovan gällde detta också i allra högsta grad även de boende i Fribotorpet. Sålunda hävdade Johan Olovsson och Anders Hansson vid Nordmarkshyttan vid oktobertinget i Filipstad 1721 rättighet till Fribotorpet som arvtagare[48]. Rätten fann emellertid att den rätta arvtagaren är Olof Olsson, som efter sin avlidne fader Olof Jonsson erhållit Häradsrättens fastebrev efter att han löst egendomen *"från åtskilliga Creditorer uhr ansenlig giäld och skulld"* och eftersom Olovsson och Hansson inte kunnat *"wisa Contrarum, blifwer deras tahlan på någon rättighet uti Fribotorpet för kraftlös förklarad".* Parterna förliktes med *"handräckning"* och en överenskommelse hur man skulle hantera det nu bärgade höet.

Uppenbarligen var nu Nils Olssons broder Olov innehavare av Fribotorpet, som han hade lyckats lösa från alla skulder – en bedrift!

---

47 Göta Hovrätt - Advokatfiskalen Värmlands län (S) EVIIAABC:40 (1720) Bild 493 (AID: v102073.b493, NAD: SE/VALA/0382503)

48 Göta Hovrätt - Advokatfiskalen Värmlands län (S) EVIIAABC:41 (1721) Bild 274 (AID: v102085.b274, NAD: SE/VALA/0382503)

Dalkarlssjöhyttan; En äkta finnehytta!

Under 1600-talet intensifierades utvecklingen av bergshanteringen, gruvor öppnades och hyttor byggdes. Skogsfinnarna drogs också med och många övergav helt eller delvis sitt traditionella svedjebruk för en tryggare framtid. Efter att initialt ha uppmuntrats motarbetades svedjebruket efterhand, och förbjöds också till viss del då det ansågs inkräkta på bergsbruket. Finnarnas bosättningar i gränslandet mot Persbergs och Nordmarks gruvområden sågs med obliga ögon. Sålunda blev "Suder Mattes" i hotande ordalag uppmanad av gruvfogden från Persberg att snarast flytta norrut. Gruvorna och hyttorna behövde marken och skogen för sin verksamhet[49]. Några framsynta och företagsamma svedjebrukande skogsfinnar, Anders Swensson i Dalekarlsiön, Börger, Oluf Jönsson, *Suderman Matz*[50], Jan Larsson och bröderna *Eskil och Mårten Sigfridsson* (se ovan) ibidem insåg då att deras gamla levnadssätt inte skulle vara möjligt att upprätthålla i framtiden. Att då själv bli bergsman medförde skattelättnad och andra fördelar. De ansökte därför hos Kungl. Bergskollegium om tillstånd att anlägga en hytta vid Dalkarlssjöns utlopp.

Resterna av Dalkarlssjöhyttans masugnskrans.

Blåsbälgen drevs med ett vattenhjul i bäcken nedanför och till höger i bild.

---

49 Gerhard de Geer "Dalkarlssjön" Bonniers 1957, s. 38 ff

50 Om Suder-Mattes finska härstamning behöver man nog inte tvivla, men från vilken släkt är mera osäkert. Gerhard de Geer tillskriver honom på ej angivna grunder släktnamnet Sormuinen alt. Sormainen (Dalkarlssjön sid.33). Enligt Bladh, Myhrvold, Persson "Skogsfinska släktnamn i Skandinavien" är släktnamnet också "Sormuinen". Sigurd Bograng, uppger i Finnbygden Värmlandsfinsk ortnamnsforskning att Suder-Mattes var "bl.a. av Tiitinensläkt". Att släkten Tiitinen funnits representerad på platsen styrks av namnet "Tithöjden" även om det hittills inte gått att koppla det släktnamnet till någon speciell person.

27

Man måste beundra modet och djärvheten hos de 7 finnarna att överge sitt invanda livsmönster för att ge sig in i bergshanteringen, men ställda mot väggen var det nog det minst dåliga av de alternativ som fanns: De kunde framhärda och hävda sin rätt att fortsätta sina liv som hittills, de kunde vika undan och flytta norrut som gruvfogden i Persberg och andra krävde, eller anamma och själva utnyttja vad som rörde sig i tiden. Det första alternativet var det vanligaste valet bland skogsfinnarna i bergslagen, medan dessa 7 valde det sista "if you can´t beat them, join them" som det så träffande sägs på engelska. Deras utsikter var kanske ändå inte så små som de i förstone kan tyckas. De hade säkert genom tillfälliga påhugg vid hyttorna i Nordmark och Persberg skaffat sig egna insikter i hur driften vid en hytta gick till. De kan rentav ha haft vissa insikter i bergsbruk med sig vid flytten från Öst-Finland där det också förekom ett tidigt bergsbruk. Men ändå var ju steget därifrån och till att själva bygga och driva en hytta oerhört stort. Första stora hindret var tillståndsansökan hos den beviljande instansen, Kungl. Bergskollegium. Självklart var finnarna varken skriv- eller läskunniga utan måste, mot god ersättning i form av smör och skinn, ta hjälp av kunniga köpmän i Filipstad. Vid beviljandeprocessen måste Bergskollegium väga samman delvis motstridiga intressen. Rent allmänt såg man välvilligt på tillkomsten av nya hyttor som genom tiondeskatten ökade statens intäkter. Men enligt dåtidens sätt att se på konkurrens, var det Bergskollegiets uppgift att också säkerställa att den nya hyttan inte skulle komma att inkräkta på redan existerande hyttors driftsmöjligheter genom otillbörlig konkurrens om skog, malm eller arbetskraft. Inte heller var tidigare hyttägare intresserade av risk för lägre priser genom ökat utbud av produkten, tackjärn. Bergsmännen i Nordmark och Persberg opponerade sig därför våldsamt, men insåg också, att om finnarna själva blev bergsmän skulle de bli mindre benägna att bränna ner skogen med sina svedjor med frekvent åtföljande vådeldar som vållade stor skada. Den vid den tiden använda s.k. tillmakningsprocessen vid malmbrytningen konsumerade kolossala mängder ved. Dessutom behövdes stora mängder ved för framställning av träkol. Man blev tvungen att söka sig längre och längre bort från hyttorna för att hitta den nödvändiga veden. Kanske skulle ytterligare en hytta i slutänden *öka* tillgången på skog?.

I ett privilegiebrev daterat 29 november 1642 beviljades så de sju finnarna tillstånd att bygga sin hytta.

Att de fick rätt till malmbrytning genom andelar i gruvorna i Nordmark var mindre kontroversiellt. Malmtillgången ansågs obegränsad och de övriga bergsmännen välkomnade hjälp med den gemensamma skötseln av gruvan som vattenuppfordring och upprensning efter ras etc.

Innan det praktiska arbetet med anläggningen kunde komma igång måste gränserna för "hyttblecket" fastläggas genom "utmålsläggningen". Det innebar att det område runt vattenfallet vid utloppet ur Dalkarlssjön som ansågs nödvändigt för driften av hyttan och alla dess hjälpanläggningar skulle mätas ut och markeras. När det också var klart, var finnarna bergsmän med bergsmansprivilegier som frihet från krigstjänst och fördelen att få rättsliga ärenden behandlade i bergstinget i stället för i de vanliga tingsrätterna. Skatteuttag i form av tiondejärn ansåg bergsmännen också vara en fördel, speciellt som beräkningsgrunden för tiondejärnet ofta inte hängde med i produktivitetsutvecklingen.

Komna så långt, och med alla nödvändiga formella tillstånd klara, återstod bara en sak innan själva arbetet att bygga hyttan kunde börja; finansieringen. Visserligen kunde det mesta tillverkas av material från den omedelbara omgivningen, virke, sten lera och sand, men olika smidesdetaljer och redskap var man tvungen att köpa in utifrån. Värdet av de egna bytesvarorna, smör, skinn, vilt, förslog då inte långt, utan man var hänvisad till lån från borgarna i Filipstad, som såg nya affärsmöjligheter i nya hyttor och gärna ställde upp. Antagligen delade de 7 nyblivna bergsmännen lika vad gäller ägarskapet av hyttan med 10 2/3 s.k. korg var. Hyttandelarna kallades korgar. En hytta bestod vanligen av 64 korgar. Ursprunget till begreppet *"korg"* är oklart, men har gissningsvis med koltillförseln att göra.

När alla formaliteter var klara kunde det praktiska arbetet börja på vintern 1643. Det skulle ta de 7 nyblivna bergsmännen 6 år av hårt arbete att få hyttan klar för den första blåsningen. Ett arbete som måste utföras samtidigt med allt som behövdes för den dagliga överlevnaden under tiden - svedjande, sådd och skörd, boskapshållning etc.

Och det var mycket som skulle göras i ordning!

Vägar måste "byggas", framför allt för att underlätta malmtransporterna från Nordmarksgruvorna.

Dalkarlssjön måste dämmas upp och förses med regleringsanordningar. Högsta vattennivån höjdes för att öka volymen i vattenmagasinet samtidigt som lägsta nivån sänktes för att kunna utnyttja vattenmängden maximalt under blåsningstiden.

Som hjärtat i anläggningen restes masugnen. Innermuren, själva masugnspipan, tillverkades av sandsten och måste muras helt tät av murbruk av lera. Kvaliteten på sandstenen och leran var kritisk och måste hämtas långväga ifrån - flera dagsresor. Yttermuren tillverkades av gråsten. Först måste lämpliga block hittas, sedan tuktas så att de fick jämna anläggningsytor och sedan fraktas till byggplatsen för att där lyftas och läggas på plats med handvinschar. Talrika ankarjärn tvärs igenom murarna höll stenarna på plats. Ankarjärnen kunde man inte tillverka själv utan måste inköpas.

Översta delen av muren timrades varefter mellanrummet mellan yttermuren och masugnpipan fylldes med jord, mull, varav namnet mulltimmershytta.

Dessutom behövdes ju diverse kringbyggnader som kolhus, bokningshus, sinnerstamp och rostgropar och så behövde man tillverka och montera vattenhjul och blåsbälg.

Det var därför först efter 6 års hårt arbete som det 1649 var dags för första blåsningen och 1655, efter ytterligare 6 år, fick man också börja betala sitt tionde.

Som om inte arbetet med att bygga hyttan samtidigt med det vanliga skogsfinska jordbruksarbetet för livets uppehälle varit nog, hade man ju också att se till att det fanns råvaror, malm och kol, när hyttan skulle blåsas igång.

Vid den här tiden, och länge till, var varje bergsman sin egen arbetsgivare: Man bröt sin egen malm och kolade sitt eget kol och körde fram till hyttan. Vid själva blåsningen hade man dock hjälp av en gemensam *"masmästare"* och senare även uppsättare och *kolfatare*. En erfaren masmästare kunde maximera utfallet och minimera risken för driftstörningar under den kritiska hyttblåsningen. Det gällde ju att utnyttja den begränsad tid på våren då vattentillgången i sjön var tillräcklig, normalt från senvinter/tidig vår till midsommar

Varje bergsman hade då en tilldelning om ca 2 veckor för sitt *"hvarf"*, som det gällde att utnyttja maximalt.

Malmen bröts vid Nordmarksgruvorna, senare även i gruvorna i Långban. Tekniken vid den här tiden var s.k. tillmakning, som innebär att luckra upp berget genom att elda kraftig på, eller så nära som möjligt. Fragment av berget kunde sedan hackas och spettas loss. För tillmakningen gick det åt enorma mängder ved, som måste huggas i omgivningarna och transporteras till gruvan. Varje bergsman ansvarade för sin egen vedförsörjning. Det var ett oerhört tekniklyft när man senare började använda krut, som dock inte helt ersatte tillmakningen förrän mot slutet av 1700-talet. (Dynamiten kom ytterligare 100 år senare, under 1800-talet)

Gruvbrytningen ägde huvudsakligen rum sommartid, så att malmen kunde transporteras till hyttan på vinterföret. Själva malmtransporten med de speciella rotslädarna var kanske den angenämaste arbetsuppgiften på hela året. Då kunde bergsmännen gemensamt åka i procession den dryga milen till gruvan med goda möjligheter till umgänge och samspråk, både under färden och vid gruvan. Vid hemfärden med full last kunde man dessutom hjälpas åt över de värsta motbackarna genom att låna varandras hästar som extra dragare. Varje malmlast vägde sällan, eller aldrig, över 500 kg. Det kom t.o.m. en kunglig förordning 1734 som stipulerade att ingen fick lasta mer än motsvarande ca 420 kg på sin malmsläde. Mer än en vända hanns inte på en dag, så det blev nog många turer under vintern..

De smala, kilformade s.k. rotslädarna som användes för malmtransporter vintertid var tidvis mycket ifrågasatta då de ansågs förstöra vintervägarna för övriga transporter.

Kolningen ägde normalt rum på senhösten eller vintern och i allmänhet ute i periferin, då kolen var lättare att transportera än veden. Å andra sidan, om transporten var alltför lång, kunde de sköra kolbitarna bli söndermalda och mindre användbara i milan. Under hösten hade milorna ställts i ordning av virke som huggits senast före midsommar samma år, men gärna tidigare, för att ha hunnit torka. De äldsta milorna var s.k. liggmilor där virket låg på längs, i princip hur långt som helst, och man startade kolningen i en änden av liggmilan. Normal kolningstid

31

för att kola igenom hela milan var 2-3 veckor, beroende på längden. Den s.k. resmilan infördes av vallonerna redan på 1600-talet, men blev inte vanlig förrän i slutet av 1800-talet då den visade sig speciellt lämplig för klent virke. Vid den tiden hade de grövre dimensionerna fått större värde som sågtimmer.

Det färdiga kolet kördes sedan i speciella kälkar s.k. kolryssar till hyttan.

Viss kolning ägde även rum i direkt anslutning till hyttan. Man slapp då helt transporter av kol.

Med malm och kol vid milan fanns nu alla råvaror på plats, men allt var inte färdigt för det.

Malmen måste först förberedas. För att få bästa utbyte måste den rostas, vilket skedde i rostgropen, eller senare rostugnen, d.v.s. upphettas för att avlägsna större delen av föroreningar som arsenik och svavel. Vidare måste den slås sönder till mindre stycken. Det gjordes genom bokning i *"bokningshuset"*, vilket innebar att den manuellt med slägga krossades till mindre partiklar. Då kunde man även se på brottytorna om malmen var genomrostad eller inte.

Med alla ingredienser så på plats var det bara för bergsmannen att invänta sin tur, sitt *"hvarf"* vid masugnen. Efter den nödvändiga förvärmningen av ugnen med ved, och så småningom även kol med full bläster, lyste till sist formhålet bländvitt av hettan. Då var det kritiska ögonblicket inne, då masugnen under masmästarens överseende och instruktioner skulle laddas även med malm och kol. Ett stycke in på *"hvarfet"* kunde man börja tappa ut det flytande järnet längst ner i masugnsställets botten och litet högre upp den likaledes flytande slaggen som låg ovanpå järnet.

Efter hand, och i hvarf på hvarf, fylldes gjuthällarna med tackjärn. Samtidigt tillvaratogs också slaggen, som i detta skede fortfarande innehöll en hel del järn. Den forslades nu till *sinnerstampen* där den maldes till småpartiklar varefter slaggpartiklarna transporterades bort med vatten genom en sorts vaskningsprocess, medan järnpartiklarna blev kvar och kunde tillvaratas.

Det kändes säkert högtidligt, när man kunde lasta resultatet av all möda, järntackorna, på sin släde för transport till järnvägen i Filipstad och kvittera ut välförtjänt lön. Det blev omkring 25 Filipstadsresor om året för varje bergsman.

32

Finnhyttornas trängs

Ungefär samtidigt som Dalkarlssjöhyttan startade också ytterligare ett par "finnhyttor" på trakten: Näsrämshyttan ca 1 mil norrut vid Näsrämmen samt Sundsjöhyttan/Finnhyttan (Motjärnshyttan)[51]. Flera av skogsfinnarna, som ursprungligen kommit till trakten för de outnyttjade svedjemarkerna, var driftiga och flexibla och väl orienterade i vad som rörde sig i tiden och anpassade sig snabbt till de nya omständigheterna.

De tre finnhyttorna Näsrämmen, Sandsjön och Dalkarlssjön, som alla tillkommit i slutet av 1640-talet, låg problematiskt nära varandra geografiskt. Efter hand som deras vedbehov växte blev det till slut nödvändigt att tydligare klargöra deras respektive verksamhetsområden. Vid junitinget 1689 kom därför Per Olovsson med fullmakt från samtliga Näsrämshyttans intressenter och begärde *"att få några karlar af Rätten till att giöra hyttteskildnad Nääsräjmen, Sandsiön och Dahlkarlsiön emellan"*. Begäran godkändes och tre män utsågs för uppdraget för att *"där om giöra relation widh nästa ting."*[52]

Den s.k. *"hammarkommissionen"* dömde ut Sandsjöhyttan, som man menade förbrukade den vedbrand som Nordmarksgruvan behövde. Redan flera år tidigare hade man diskuterat nödvändigheten att lägga ned Grundsjöhyttan eller Sandsjöhyttan. Bergmästarrelationen hade 1680 föreslagit nedläggning av Sandsjöhyttan *"emedan därsammastädes inga flitiga bergsmän äro, utan skogsbrännare"*.

Efter många turer blev resultatet att driften vid Sandsjöhyttan lades ned 1689. Sandsjöhyttans bergsmän fick dock behålla sina bergsmansprivilegier med villkoret att leverera gruvved till gruvbrytarna vid Nordmarksgruvan[53].

Dalkarlssjöhyttan skulle, liksom Näsrämshyttan, komma att drivas i över 200 år och var fram till nedläggningen 1858 den huvudsakliga leverantören av tackjärn till Lesjöfors bruk.

---

51   Bergslagen i Ord och Bild nr 12, 1947 sid 2 "Kring tre finnehyttors tillkomst" Albert Palmqvist
52   Färnebo häradsrätt (S) AIa:4 (1685-1689) Bild 353 / sid 345 (AID: v66200.b353.s345, NAD: SE/VA/11146)
53   Jalmar Furuskog "De värmländska järnbruken" Filipstad 1924, s. 151 f

33

Men det var inte lätt för de av finnmarksborna på Dalskogen som så önskade att bli en del av det övriga samhället. Vid hösttinget 1712 klagade bruksbokhållaren Nils Pihl vid Lesjöfors, Per Olsson[54] vid Dalkarlssjön och Arvid Jakobsson vid Näsrämmen över de dåliga vägarna[55]. De önskade rättens attest på att de bodde *"widt aflägsne"* från *"allmänna vägen"* och för *"wägarnes oländighet"* inte kunde komma varken till kyrkan eller landsbygden och *"stora stråkwägen"* utan *"hazard af lif och hälsa"*. Efter att nämden bekräftat förhållandena beslöts att ärendet skulle remitteras till *"Högvälb-ne H-r Baron ock Landzhöfdingen att i ödmiukheet"* beordra vederbörande kronobetjänt att undersöka och tillse hur vägarna i fråga kan förbättras.

Oklart vad som avsågs med *"stora stråkvägen"*, men uppenbarligen passerade den varken Dalkarlssjön eller Näsrämmen!

Men väghållningen fortsatte att vara ett bekymmer. Trots den starka vädjan från Dalkarlssjön och Näsrämmen till landshövdingen 1712 om hjälp och stöd verkade inte mycket ha hänt. Vid sommartinget 1724, 12 år senare, begärde Nils Pihl, nu brukspatron, tillstyrkande för att med *"samblade händer rödia och upphiälpa wägen"* från Filipstads östra sida norrut mot Nordmarkshyttan och vidare upp mot Dalskogen[56]. Speciellt vägen öster ut från Filipstad mot "Gåseboren" som behövdes *"då oföre infalla ock siögarna om wintern eij blifwa frusna"*. Pihls förslag verkar inte ha varit särskilt populärt då *" dhe andra deremot till ingen deel willia wara allmogen af östra Bergzlagen behiälpeliga med deras wägars förfärdigande utan således måste de nu siälfwa uplaga sin wäg från Philippstadh till Nordmarckz hyttan ock widare åth Dahlskogen"*. De tyckte tydligen att de hade nog med sina egna vägproblem!

---

54 Oklart om denne Per Olsson är Nils Olsson Fribos broder eller en namne.

55 Göta Hovrätt - Advokatfiskalen Värmlands län (S) EVIIAABC:25 (1712) Bild 143 / sid 139 (AID: v101982.b143.s139, NAD: SE/VALA/0382503)

56 Göta Hovrätt - Advokatfiskalen Värmlands län (S) EVIIAABC:44 (1724) Bild 680 / sid 676 (AID: v102110.b680.s676, NAD: SE/VALA/0382503)

Släktkrönika del 2: Från Bergsmän till torpare

Inledning

Genom äktenskapet 1688 mellan Nils Olsson Fribo (1660-1710) och Sigfrid finnes sonsons dotter Marit Eriksdotter (1659-1726) sammanlänkades två av de äldsta släkterna vid Dalkarlssjön. I det äktenskapet föddes Annika Nilsdotter (1689-1770) som 1717 gifte sig med Lars Nilsson från Skåltjärnshyttan. Vi ska nu närmare följa hennes liv och dottern, Maria Larsdotters, två äktenskap och långa och dramatiska liv samt Marias efterkommande in i modern tid.

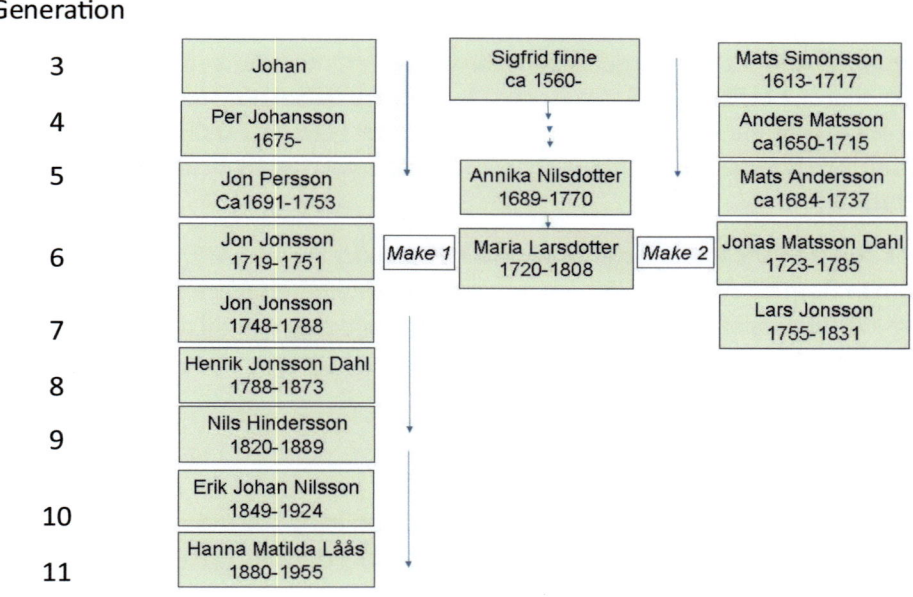

Grafisk bild av Maria Larsdotters (1720-1805) två äktenskap och släktsambanden fram till författarens farmor Hanna Matilda Låås f. Nilsson (1880-1955). Genom Marias andra äktenskap med Suder-Mattes sonsons son Jonas Matsson Dahl knöts tre av Dalkarlssjöns äldsta släkten samman.

Som vi kunnat följa genom domboksprotokollen för det sena 1600- och tidiga 1700-talet var de tre bergsmanssläkterna Olof Jonsson Fribo, Sigfrid finne och Suder-Mattes under ständig ekonomisk press. Trots alla svårigheter verkar släkterna ha klarat sig förvånansvärt bra. Sålunda värderades boet efter anmodern Maria Larsdotters förste man, Jon Jonsson 1753 till hela 4,473 Daler kopparmynt, vilket i 2022 års penningvärde motsvarar drygt 200,000 SEK i varor och tjänster (konsumentprisindex) eller ca 5,2 MSEK i lön! [57]

Maria gifte om sig med en annan bergsman, Jonas Matsson Dahl (1723-1789) (sonsons son till "Suder-Mattes"). Även Suder-Mattes barnbarn verkar ha klarat sig förvånansvärt bra, åtminstone somliga. Sålunda fick Jonas Matsson Dahl tillsammans med sina syskon dela på 1,881 daler kmt vid bouppteckningen efter fadern Mats Andersson[58]. Ingen större förmögenhet, men motsvarar ändå ca 90,000 eller 2,2 MSEK 2022 i varor och tjänster resp. arbetslön. Bland tillgångarna fanns också inte mindre än 5 kor och 2 hästar samt 1/16 del i Dalkarlssjöhyttan. Notabelt är också att av totalt 1,800 daler i skuld var 1,100 till brukspatron Pihl i Filipstad.

Marias son från sitt första äktenskap, Jon Jonsson d.y (1748-1788) var också bergsman fram till sin död 1788., men ingen av nästa generationens ättlingar. Under 1700-talets sista decennier övergår släktens bergsmän till att bli torpare och 1808, avlider Maria själv som "utfattig".

I mantalslängden för 1827 noteras bröderna Jonas Jonsson (1785-1847) och Hindric Jonsson Dahl (1788?-1873) som "torpare under Myhrmans arvingar". Så vad hände egentligen under 1700-talets sista decennier? Hur gick det till när de välbeställda självägande bergsmännen, ättlingar till dem som en gång startade hyttan på 1640-talet, under slutet av 1700-talet blev torpare under brukspatronen?

En spännande historia som till största delen väntar på att avslöjas. Det är nog ingen tillfällighet att den processen ägde rum under storhetstiden för Christoffer Myhrman d.y., den driftige brukspatronen och bergsbruksidkaren som 1775 tog över ledningen av Rämmens och Liljendalsbruken efter sin far med samma namn.

---

57   http://www.historicalstatistics.org/Jamforelsepris.htm

58   Färnebo häradsrätt (S) FIIa:4 (1745-1749) Bild 112 / sid 219 (AID: v47560.b112.s219, NAD: SE/VA/11146)sid   125

Christoffer Myhrman köpte målmedvetet successivt ut bergsmännens hyttandelar och skaffade sig också samtidigt starka intressen i traktens gruvor.

Brukspatron

Christoffer Myhrman d.y. 1751-1811[59]

Bouppteckningen efter fadern, Christoffer Myhrman d.ä. (1712-1775) listar förutom sedvanligt bohag, fastigheter och andelar i hyttor, bruk och gruvor etc. även 158 namngivna gäldenärer där nästan samtliga är småtorpare på trakten[60]. Deras totala skuld till den avlidne brukspatronen värderades till 38,000 rdr specie, vilket i 2022 års penningvärde motsvara ca 17 MSEK i varor och tjänster eller 533 MSEK enligt löneindex[61].

Ingen skuld var för liten att redovisas i bouppteckningen! Per Ersson i Djuprämmen är sålunda bokförd för en skuld om 24 öre, motsvarande ca 19 resp. 580 kr, 2022 enligt konsumentprisindex resp. löneindex.

---

59 Av Oil painting by Nils Hagelberg (1767-1818) - http://libris.kb.se/bib/364522, Public Domain, https://commons.wikimedia.org/w/index.php?curid=29067353

60 Färnebo häradsrätt (S) FIIa:11 (1774-1776) Bild 253 / sid 499 (AID: v47567.b253.s499, NAD: SE/VA/11146)

61 https://historicalstatistics.org/Jamforelsepris.htm

Men boet hade också skulder, så nettobehållningen stannade vid 244,950 rdr kmt vilket år 2022 motsvarar ca 6,2 miljoner SEK i varor o tjänster eller ca 186 miljoner enligt löneindex.

Under sina första 15 år som brukspatron fördubblade Christoffer Myhrman d.y. stål och järnleveranserna från sina bruk och vid sin död hade han 10-dubblat produktionen. I bouppteckningen efter hans död 1811 finns inte samma imponerande lista med skuldsatta småtorpare som i faderns. Torparnas totala skuld är nu blygsamma 4,800 rdr specie (= ca 1,8 resp. 7,5 MSEK 2022)[62]. I stället listas nu bland tillgångarna ett 40-tal *torp* värderade till sammanlagt 25,000 rdr = ca 9,2 resp 390 MSEK 2022). Mönstret är tydligt: De tidigare skuldsatta torparna hade en efter en tvingats lämna ifrån sig sin tidigare egendom till brukspatronen!

Men Christoffer Myhrman d.y. är också känd som mecenat, bl.a. för att han skänkte mark till Rämmens kyrka, kyrkogård och prästgård i samband med att Rämmen 1786 blev egen socken genom utbrytningen ur Gåsborns. Han var också svärfar till skalden Esaias Tegnér[63], som skrev dessa rader till svärfaderns begravning 1811[64]:

"Öknarna röjde han bort, och levande

människors boning

växte bland ödsliga fjäll under hans

skapande hand"

Det är tveksamt om det också speglade uppfattningen bland de skuldsatta och utblottade torparna!

Förutom uppgång och fall är den egna släkthistorien vid Dalkarlssjön även i övrigt ganska så intrikat och svåröverskådlig med omgiften och dålig variation av namn: Fäder och söner får bära samma namn och halvbröder samma patronymikon trots olika fäder, osv. Det finns också en del till, synes oförklarliga, längre vistelser utanför socknen.

---

62 Färnebo häradsrätt (S) FIIa:28 (1811) Bild 144 / sid 279 (AID: v47584.b144.s279, NAD: SE/VA/11146)

63 Christoffer Myhrman, urn:sbl:8589, Svenskt biografiskt lexikon (art av Ulf Nilsson)

64 Bergslagen i Ord och Bild, 08-1946, sid 16 "Ur skilda källor"

Generation 5: Annika Nilsdotter och Lars Nilsson

På menlösa barns dag den 28 december 1717 vigdes Lars Nilsson från Skåltjärnshyttan (4-5 km SV om Nordmark) med Annika Nilsdotter från Dalkarlssjön, kanske från torpet Tithöjden[65]. I samband med giftermålet flyttade Lars till hustruns barndomshem. Paret fick enligt kyrkböckerna 3 barn, döttrarna **Maria (f.1720)** och Gunilla (f.1721) samt sonen Nils (1723-1729), som dock avled redan 1729, bara 6 år gammal.

Generation 6: Maria Larsdotter (1720-1808)

Första äktenskapet med Jon Jonsson (ca1718-1751)

Den 25 maj 1751 dog Jon Jonsson i Dalkarlssjön av *"håll och sting"*, dvs lunginflammation, bara 33 år gammal. Med *"Dalkarlssjön"* avses här med största sannolikhet torpet Tithöjden. Torpet i Dalkarlsjön gifte han sig sannolikt till, för i Vigselboken står det att Jon Jonsson från Grundsjön den 14/10 1744 vigdes med en icke namngiven *"piga"*. Prästen hade nog glömt namnet, men tänkt fylla i det senare - han hade lämnat plats i vigselboken. Brudgummens hemort Grundsjön ligger strax N.O. om Nordmark eller ca 6-7 km rakt söder om Dalkarlsjön.

Men att *"pigan"* som Jon äktade 1744 var Maria Larsdotter från Dalkarsjön framgår bl.a. av att när sonen Jon föds 1748, är båda föräldrarnas namn angivna i klartext. Både far och son hette alltså *Jon Jonsson*!

I vigselboken 1744 har maken Jon ingen angiven titel, men när sonen gifte sig 34 år senare benämns han *"unge bergsm. Jon Jonsson"*. Således var såväl han, som hans fader och namne, bergsmän.

Maria och Jon fick bara 6 år tillsammans. Av bouppteckningen som gjordes 1753, 2 år efter hans död framgår att han trots sina unga år vid sin död var en tämligen välbeställd bergsman och far till fyra barn; sönerna Lars och Jon och döttrarna Stina

---

65   Namnet Tithöjden dyker upp i arkiven först drygt 100 år senare, nämligen 1832 och 1833 i födelsenotiserna för bröderna Jonas och Hindrics barn Gustaf resp. Lars. Eftersom inget i dokumenten antyder någon flytt, vare sig för bröderna eller de tidigare generationer är det inte alltför djärvt att anta att samma torp, dvs Tithöjden, gått i arv från Annika Nilsdotter. Kanske var hon dotter eller barnbarn till den som ursprungligen röjde platsen!

och Anna[66]. Att Färnebo häradsrätt förordnat ingen mindre än häradsdomaren själv, Nils Biörsson, att tillsammans med nämndemannen Jon Landberg förrätta bouppteckningen visar tydligt att den unge bergsmannen åtnjöt avsevärd status vid sin död. Som förmyndare för de omyndiga barnen förordnades bergsmännen Olof Jonsson vid Grundsjön och Per Jansson vid Dalkarlssjön. Det ligger nära till hands att anta att bergsmannen Olof Jonsson vid Grundsjön var en broder till den avlidne maken, som ju också kom från Grundsjön. Totala behållningen 4,475 daler kopparmynt motsvarade 2022 drygt 200,000 kronor enl. Konsumentprisindex eller nästan 5,2 miljoner enl. löneindex[67]. Lösöret anger inget anmärkningsvärt vad gäller husgeråd, sängkläder etc. Fem nät och en *"slomhåv"* ("slom_ nors) antyder att fisket var ett viktigt bidrag till hushållningen. Ännu viktigare var jordbruket. Kreaturen värderades tillsammans till 427 Dsmt varav den röda vallacken stod för 180, resten, dvs. tjurkalven, de fem korna och några får och getter tillsammans. Grisar saknades.

Den särklassigt mest inbringande näringen var dock utan tvekan bergshanteringen. Hyttandelen, 1/32 värderades bara den till 1,800. Vid hyttan fanns kol och malm till ett värde av 793, obokad malm för 398 samt färdigt tackjärn värt 957 Dsmt.

Änkan och svärmodern Annika Nilsdotter ska enligt bouppteckningen *"bli vid det förra Inventarium af d. 10 juni 1745 bibehållen"*. Hon bor uppenbarligen kvar på platsen med dottern och hennes familj.

Bland husgeråden nämns 12 trätallrikar, smör- och mjölkbunkar, stenfat, stenskålar och stenkrus liksom 12 st. träskedar, men inga andra matbestick! Inte heller nämns glas eller porslin, förutom några flaskor, sannolikt av glas, i samband med uppräkningen av öltillverkningsattiraljerna. Man åt tydligen med träskedar på trätallrikar, men det framgår inte hur man inmundigade ölet. Det verkar dock inte ha varit med hjälp av dricksglas.

I bouppteckningen nämns också de röjningar och förbättringar och den stuga som Jon Jonsson i äktenskapet anlagt på norra sidan om den gamla. Där nämns också en

---

66   Färnebo häradsrätt (S) FIIb:2 (1745-1817) Bild 66 / sid 125 (AID: v48585.b66.s125, NAD: E/VA/11146)

67   http://www.historicalstatistics.org/Jamforelsepris.htm (Edvinsson, Rodney, och Söderberg, Johan, 2011, A Consumer Price Index for Sweden 1290-2008, Review of Income and Wealth, vol. 57 (2), sid. 270-292)

stuga som Jon Jonsson flyttat från *"gamla byen"*. *"Gamla byen"* skulle kunna vara Sjösta och Jon Jonssons två hus skulle kunna vara de två bostadshusen i Tithöjden som sonsönerna Jonas Jonsson (1785-1847) och Hindric Jonsson Dahl (ca1788-1873) sedan skulle bebo. Kanske var det den ingifte Jon Jonsson från Grundsjön eller hans lika ingifte svärfader Lars Nilsson från Skåltjärnshyttan som var den nybyggare av Tiitinensläkt som gav namn åt Tithöjden?

Generation 6: Maria Larsdotter (1720-1808)

Andra äktenskapet med Jonas Matsson Dahl (1723-1789)

Efter maken Jons död 1751 dröjde det 2 år innan Maria 1753 gifte om sig med bergsmannen Jonas Matsson Dahl (1723-1758), sonsons son till den på trakten kände "Suder-Mattes". (Jonas har i vigselnotisen från vigseln med Maria Larsdotter fått tillnamnet *"Dahl"*).

Notabelt är också att en av faddrarna vid Jonas dop var bergsmannen och Lång-Christopherättlingen Sigfrid Johansson (Honkainen) från Djuprämmen.

Att nye maken Jonas också ingick i gruppen av välbeställda finnebergsmän framgår tydligt av bouppteckningen 1747 efter hans fader, bergsmannen Mats Andersson, Suder-Mattes sonson som redan nämnts[68]. Förutom redskap och annat lösöre fanns inte mindre än 5 kor, en kviga och en kalv samt två hästar i stärbhuset, tillsammans värderade till 357 daler. Det var ända bara en dryg tiondedel av det åsatta värdet på egendomen med sin sextondedel i Dalkarlssjöhyttan, som värderades till hela 3000 Daler. Det är ingen tvekan om varifrån huvuddelen av familjens intäkter kom! När skulden om sammanlagt 1824 D till tiotalet gäldenärer dragits ifrån återstod ändå 1881 Daler i boet att fördela på stärbhusdelägarna: Änkemodern Ingeborg Andersdotter, de 4 myndiga sönerna och dottern Maria som företräddes av Carl Andersson, broder till den avlidne Mats Andersson.

Välståndet är anmärkningsvärt! Tydligen hade Mats fader Anders på något mirakulöst sätt lyckats slingra sig ur gäldenären Biör Olssons grepp och behålla sin

---

68   Färnebo häradsrätt (S) FIIa:4 (1745-1749) Bild 112 / sid 219 (AID: v47560.b112.s219, NAD: SE/VA/11146)

41

egendom och sina andelar i hyttan trots att hans och bröderna Johans och Henriks hela lösa och fasta egendom 1692 var uppbuden mot skuldfordran (se ovan sid 23!)

Familjens förehavanden efter Marias omgifte 1753 verkar nu något mystiska och är svåra att följa i arkiven då varken flytt- eller husförhörslängder finns från den tiden. Emellertid, år 1755, 2 år efter bröllopet födde Maria sonen Lars i Nybacka, Nyed. Fadern uppges i födelseboken heta Jonas Pärsson, varför sonens fulla namn blev Lars Jonsson. Av vilken anledning Maria födde sin son i Nyeds socken, så pass långt från hemorten är också helt oklart, vare sig hon var där ensam och födde en "oäkta" son eller tillsammans med maken. Anmärkningsvärt är också att Lars inte i några dokument omnämns som "oäkta", "styvson", eller liknande. Mest sannolikt är därför att faderns namn i födelseboken är felaktigt noterat. Prästen tog troligen miste på Jonas Pärsson och Jonas Matsson. Patronymikonet blir ju i båda fallen Jonsson/(Jonasson)!

Maria fick två söner och helbröder, Jon Jonsson och Lars Jonsson. med förste maken Jon Jonsson. dessutom fick sonen hon fick med Jonas Matsson Dahl också heta Lars Jonsson, men med sitt patronymikon efter make nr 2- lätt förvirrande!

Vad "utflykten" söderut till Nyed handlade om är oklart.

Sannolikt var inte vistelsen i Nyed särskilt långvarig, för redan 1759 tvistades om arvet efter Jon Jonsson, Maria Larsdotters förre man[69]. Barnens förmyndare Olof Jonsson i Grundsjön och Per Jansson i Dalkarlssjön (som också deltog vid bouppteckningen som förmyndare) ville ha kopia av bouppteckningen samt få ut barnens andel av boets lösören. Styvfadern Jonas Matsson Dahl sade sig villig att lämna ut en kopia om de andra betalade för den. Han menade också att han betalt tillräckligt för sakerna och dessutom lärt barnen läsa. Den äldsta dottern var bara 9 år när han kom in i huset. Rätten beslöt låta udda vara jämnt och vidtog ingen åtgärd.

Några decennier senare är ändå hela klanen med säkerhet åter på trakten då de i Rämmens första husförhörslängd (1785-1804) noteras som boende i Tithöjden, Dalkarlssjön, sannolikt Marias föräldrahem. Maria Larsdotters andre make, familjeöverhuvudet *"Bergsman Jonas Matsson"* (alltså Suder-Mattes sonsons son Jonas Matsson Dahl) avlider 1789 av *"slag"* och Maria blir änka för andra gången.

---

69   I Göta Hovrätt E VII AABC: 144 (**1759**) (Advokatfiskalens arkiv, Philipstads bergslag) finns Landsarkivet i Vadstena 7/11, §21, (Tack Elisabeth Thorsell för info)

42

Jonas Matsson efterträddes som husbonde av *"torparen"*, sannolika sonen, Lars Jonsson. I familjen ingick också Marias son från första äktenskapet, Jon Jonsson och hans familj.

Av vilken anledning bergsmanstiteln inte övergått från fadern, Jonas Matsson till sonen Lars Jonsson är oklart, men familjen verkar vid den här tiden av någon anledning ha kommit på obestånd. Sannolikt blev familjen ett av offren för brukspatron Christopher Myhrmanns ovan nämnda målmedvetna aktiviteter att koncentrera ägandet.

När änkemodern Maria Larsdotter vid 88 års ålder 1808 avlider i torpet i Tithöjden noteras hon i dödboken som *"utfattig"*. En dyster klassresa från välbeställd, nästan förmögen, bergsmanshustru till utfattig torparänka! En klassresa hon dessvärre inte var ensam om vid den här tiden.

Generation 7

Jon Jonsson d.y. (1748-1788) och Britta Hindersdotter (1754-1833)

Hur lång den nygifta änkan Maria Larsdotters "utflykt" på 1750-talet till Nyed egentligen var är oklart, liksom maken Jonas Matsson Dahls förehavanden under samma tid. Sannolikt vistades de där tillsammans, även om det inte klart framgår av tillgängliga dokument. Klart är emellertid att lille Jon (f. 1748) under Nyeds-vistelsen, som ovan nämnts, 1755 fick en lillebror, halvbrodern Lars, och att hela klanen några år senare var samlad i moder Marias hemtrakter i Dalkarlssjön.

År 1778 gifte sig nämligen *"unge bergsman"* Jon Jonsson (d.y.) med *"Bergsmansdottern"* Britta Hindersdotter. Hon uppges i husförhörslängderna vara född i Filipstad 1754, men har inte gått att återfinna i födelseboken.

Sannolikt träffade Jon sin blivande hustru under familjens tid i Nyed-Molkomtrakten strax norr om Filipstad, men hade vid tiden för sitt giftermål flyttat tillbaka till barndomstrakterna vid Dalkarlssjön.

Jon och Britta hann få 4 barn innan också Jon 1788 dog i förtid, bara 39 år gammal, i lunginflammation (håll och styng).

Jon Jonson fick titeln *"Bergsman"* i dödboken, medan de båda sönerna Jonas och Hindric skulle få leva sina liv som torpare. Inte heller någon av Jons halvbröder Lars Jonsson (1755-1831) eller Mats Jonsson (1765-1827) fick bära bergsmanstiteln. De fick också leva sina liv som torpare. Jon Jonsson (1748-1788) blev den släktlinjens siste bergsmannen.

Jon Jonssons och Britta Hindersdotters barn:

Maria (1778-ca1805?)
Greta 1782-ca 1805?)
Jonas (1785-1847)   hela sitt liv som torpare i Tithöjden
Hindric (1788-1873)   torpare i Tithöjden till 1852

Det södra av de 2 Tithöjdstorpen. I gott skick 2018. Hemvist för Jonas Jonsson Dahl (1785-1847) och hans familj.

Generation 7

Britta Hindersdotters (1754-1833) andra äktenskap med Lars Jonsson (1755-1831)

Något år efter maken Jon Jonssons alldeles för tidiga död gifte Britta om sig med makens halvbroder, Lars Jonsson (Suder-Mattes sonsons sonson, som nämnts ovan). De fick 1792 sonen Lars, deras enda barn. Britta var ju redan 38 år gammal.

I husförhörslängden för 1827-1831 finns den anmärkningsvärda uppgiften att Lars och hustrun Britta sedan flera år uppehållit sig vid Saxån i Färnebo socken och *"därstädes begagnat sina salighetsmedel (ungefär = nattvarden) utan att där vara mantalsskrivna, allt enligt erhållit tillstånd."*

Deras gemensamma son Lars flyttade 1809 som 17-åring till Gåsborn. Han finns noterad i Gåsborns husförhörslängd för 1810, men försvinner sedan i arkiven.

Generation 8

Hindric Jonsson Dahl (1788-1873) och Maria Nilsdotter (1793-1889)

Hindric fick liksom sin farmors andre make, Jonas Matsson Dahl (Suder-Mattes sonsons son, som ovan nämnts), också tillnamnet "Dahl". Orsaken till tillnamnet, liksom varför endast dessa två får den äran, är oklart. Men rimligen har det ändå på något sätt med hemorten vid Dalkarlssjön att göra och är kanske ett soldatnamn. Hindric var ju engagerad i lantvärnet (se nedan).

Efter en kortare utflykt till Gåsborn i den tidiga mannaåldern återvände Hindric 1812 till barndomshemmet i Tithöjden, där han 3 år senare, på självaste juldagen 1815, gifte sig med torparedottern Maria Nilsdotter från Linneråsen. Maria härstammade på sin mors sida från smedsläkten Bork i Solbergshöjden i Fredriksberg/Säfsen[70]. Med i boet följde hennes tvåårige "oäkta" son Clemens Torbjörn Nilsson (1813-1890) som blev avlad under Marias pigtjänst hos brukspatron Nils Pihl-Mullberg[71] i Lesjöfors. Det anses allmänt på trakten att den ogifte, nästan 30 år äldre, brukspatronen också var Clemens fader. Under pigtjänsttiden födde Maria 1812 också en dotter, Elna, som dock dog redan som spädbarn, bara 4 månader gammal.

Det nygifta paret bosatte sig i Tithöjden, där Hindrics 3 år äldre broder Jonas redan etablerat sitt eget hushåll efter sitt giftermål 1812 med Anna Eriksdotter. På kartor från 1800-talets slut finns endast ett torp markerat på Tithöjden, men av mantalslängden för 1827 framgår tydligt att de två bröderna hade var sitt boende. De redovisas som torpare under *"Myhrmans arvingar"*; Jonas med 1 häst, 3 kor, 4 får och 1 fjärding utsäde, Hindric med 1 häst, 2 kor, 3 får och 3 fjärdingar utsäde.[72]

---

70   Marias morfars farfar kom på 1660-talet som 8-åring tillsammans med sin mor till trakten från Västergyllen i Arvikatrakten. Han blev den förste av en rad smeder. Släkten har med säkerhet anknytning till den stora finska Porkka/Borg/Burg-släkten i västra Värmland/Norge.

71   År 1792 överlät änkan efter brukspatron Wilhelm Mullberg, den ålderstigna Elisabeth Lundgren, ledningen av Lesjöfors bruk till sina barn. Sonen Nils Pihl-Mullberg utmanövrerade sina gifta systrar och ledde bruket fram till 1813, då syskonen sålde ut alla sina andelar till firman Ekman & Co i Göteborg. Nils flyttade själv 1813 till Filipstad.
https://sok.riksarkivet.se/amnesomrade?postid=Arkis+28f59d71-aa77-4809-9f7b-dba8ccf0be2c&infosida=amnesomrade-allmant-och-blandat&flik=1&s=Balder

46

Bergsmanssonens klassresa till torpare var helt klart en resa åt fel håll! Sålunda kan man i 1840 års bruksbok för Lesjöfors läsa att *"Torparen Henrik Jonsson, Tithöjden gottgöres i anseende av föräldrarnas fattigdom* (alltså Henrik och hustrun) *för 95 dagar ha kosthållit egna Barn under skolgång vid Bruket i 6 skilling, är lika med 11.42 rdr."*[73]

Det torp som Hindric bebodde var det nordligare av de två i Tithöjden[74], sannolikt den stuga som farfar Jon Jonsson enligt bouppteckningen *"anlagt på norra sidan om den gamla".* Modern (Britta Hindersdotter) och styvfadern (Lars Jonsson) noterades på Hindrics rad i mantalslängden, vilket rimligen betyder att de bodde inhyses i hans familj. Jonas och Anna skulle med tiden komma att få 9 barn medan Hindric och Maria skulle begåvas med inte mindre än 12 egna barn, varav de allra flesta skulle få fullånga liv.

I en bruksbok från 1850 noteras 31 *"hästtorpare"* och 17 *"dagkarlstorpare"* under Lesjöfors bruk. Jonas Jonsson vid Södra Tithöjden och Henrik Jonsson vid Norra Tithöjden var två av hästtorparna[75].

På de nordliga Tithöjdsägorna stod 2018 detta hus i starkt förfall. Strax intill finns grunden efter vad som var Hindric Jonsson Dahls och Maria Nilsdotters hemvist från giftermålet 1815 tills att de 1852 flyttade till Bråttjärnsudden.

---

72 Häradsskrivaren i Östersysslet fögderi (S) FIa:142 (1820-1843) Bild 700 (AID: v224580.b700, NAD: SE/VA/11361)
73 Peter Hellström, Franstorp, privat.
74 Slaggstänk Personaltidning Lesjöfors bruk
75 Peter Hellström, Franstorp, privat.

47

År 1847 dog brodern Jonas Jonsson (1785-1847) och driften av hans torp övertogs nu av sonen med samma namn, Jonas Jonsson (1814-1901). Änkan Anna Eriksdotter och *"den mindre arbetsföre"* sonen Erik bodde kvar. Jonas Jonsson d.y. drev torpet vidare till 1861 då familjen flyttade till det närbelägna Norra Sjöstad där man bodde i 22 år till 1883. På ålderns höst flyttade det åldrade paret till Rämsberget där man levde som *"inhyses"*. År 1901 avled Jonas 87 år gammal av *"ålderdomsavtyning"* som fattighjon i Amsberg i Dalarna - sannolikt boende hos dottern Hilda, som 1890 tillsammans med maken Håkan Kruse flyttat till Stora Tuna från Myren i Rämsberget och då sedan några år var änka med 4 barn.

År 1910 avled även hustrun, på Smedsnäset i Rämmen, *"arbetareänkan efter Jonas Jonsson"*, som även hon fick leva till en ansenlig ålder. Hon blev 85 år.

Åter till de egna anorna: Efter 40 år som torpare i Tithöjden flyttade vår anfader Hindric 1852 en dryg halvmil i nordöst till torpet Bråttjärnsudden, ensligt beläget på en udde i sjön Bråttjärn.

Bråttjärn. Torpet Bråttjärnsudden ligger på den udde som från vänster i bilden sticker ut i sjön.

48

År 2018 var byggnaden på Bråttjärnsudden i starkt förfall. Närmaste omgivningen bestod då av granskog på de tidigare uppodlade markerna på fruktbar sedimentjord. Vem som först röjde och byggde är ej känt, men med fiskrik sjö utanför stugknuten och lämpliga svedjemarker på de omgivande bergen utgör platsen ett typexempel på bosättningsplats för den första generationens skogsfinnar.

Som ny granne efter brodern Hindrik flyttade nu torparen Olof Persson 1852 in med sin familj. Olof stannade några år för att 1857 avlösas av Carl Jonsson Bonapart[76] som skulle komma att stanna till 1868.

På ålderns höst och med utflugna barn övergav Hindric och hustrun Maria efter 12 år det ensliga torparlivet på Bråttjärnshöjden och flyttade 1864 till dottern Carolina och mågen Mathias Mattsson i V. Vitklinten där de sedan skulle komma att leva resten av sina liv.

År 1864 begåvades Hindric med *"Understöd som Landtvärn 1808,09"* [77]

---

76 Namnet *Bonapart* kan tyckas malplacerat, men att det finns ett samband med den uttalade beundran av *"frihetshjälten"* kejsar Napoleon Bonapart som brukspatron Cristoffer Myhrman hyste känns inte alltför långsökt.

https://sok.riksarkivet.se/Sbl/Presentation.aspx?id=8589   *Christoffer Myhrman, urn:sbl:8589, Svenskt biografiskt lexikon (art av Ulf Nilsson)*

Det nordligaste av de 4 torpen i västra Vitklinten dit Hindric Jonsson Dahl och hustrun, Maria Nilsdotter 1864 på ålderns höst flyttade för att tillbringa sina sista år hos yngsta dottern Carolina och mågen Mathias Mattsson och deras 5 små barn. Här avled Hindric 1873, 84 år gammal medan Maria var hela 96 år när hon dog 1889. Detta skulle också bli dottern Carolinas plats i livet tills hon 1924 avled här, 82 år gammal. Platsen ligger mycket avskilt, så man kan undra hur barnens skolgång klarades av.

Den imponerande murstocken och en jordkällare är vad som 2018 fanns kvar, förutom oändliga stenmurar och utsikten mot den mäktiga, 414 m höga, Vitklinten rakt i norr.

---

77   Lantvärnet var en tvångsutskriven förstärkning av den ordinarie militären under kriget 1808-1809, bestående av var fjärde till femte man mellan 18 och 25 år.

Det varierade mellan olika delar av landet hur många av de utskrivna som verkligen inkallades i tjänst. Det fanns också möjlighet för de utskrivna att friköpa sig och leja annan i sitt ställe. Totalt bestod lantvärnet som mest av 28.000 man (mot planerade 30.500).
De inkallade användes ofta till bevakningsuppdrag, men en del deltog också i strider. Lantvärnsmännen var ofta dåligt utrustade och klädda. Och det dog betydligt fler av sjukdom än i strid; från hösten 1808 till våren 1809 dog 6.000 (!) av rödsot och andra sjukdomar.
Under 1860-talets värnpliktsdebatt publicerades i Aftonbladet ett upprop om insamling till de överlevande lantvärnsmännen, vilket gav en del privata bidrag. Och riksdagen beslöt om statsunderstöd, vilket 1864 betalades till 2.214 stycken och 1889 (80 år efter kriget) för sista gången till en f.d. lantvärnsman.
"Medborgare i vapen" (sidorna 49-59) av Lars Ericson.

Hindric fick alltså sin ersättning för insatserna som lantvärnsman 65 år i efterskott, andra ändå senare!

50

Hindrics och Marias barn (Författarens anfader *Nils* i fet, kursiverad stil)

Jonas (1816-1888)	Till Ö Rämsberget
Hindrik (1818-1887)	till Långbanshyttan (fick 8 söner, ingen dotter - sannolikheten för det!)
Nils (1820-1889)	Flyttade runt på trakten. Dalkarlssjöhyttan, Rämsnäs, Tandfallet, Holmsjöhöjden, kom till slut till Åsarna, Färnebo socken.
Britta (1822-1896)	Gift med Sven Larsson. Bosatt Sjöstad, Västerlundsudden, Tandfallet, V Rämsberget och sista 22 åren i Fridhem.
Johannes	Död som 2-åring
Maria Greta (1826-1899)	Gift med Jonas Jonsson. Fikullen, Lesjöfors, Dalkarlssjöhyttan.
Anna Cajsa (1828-??)	Efter 24 år i Långbanshyttan som fattigänka efter hyttarbetaren Johan Eriksson Örn, emigrerar den nästan 65-åriga Anna till USA 1893.
Johanna Lovisa (1831-??)	Flyttade till Örebro 1865 tillsammans med änkefru Christernsson och hennes 6 barn. Till Stockholm året därpå.
Lars (1833-1849	Död som 16-åring av näsblod
Gustav (1835-1910)	Flyttade till Sandviken
Erik (1838-1838)	Blev bara 4 knappt månader
Carolina (1842-1924	*Gift med Mathias Mattsson. Till V.Vitklinten. Tog där hand om sina åldriga föräldrar*

Generation 9

Nils Hindriksson (1820-1889) och Anna Eriksdotter (1818-1887)

Hindriks och Marias tredje barn, sonen Nils, lämnade 1840 som 20-åring barndomshemmet i Tithöjden för att stå på egna ben. De kommande åren skulle komma att medföra ett ständigt flyttande mellan olika drängtjänster på trakten - oftast bara ett år på varje ställe. På hösten 1845 gick slutligen flytten till Rämmen för tjänst hos komministern Alsterblad för det som skulle bli den längsta av alla drängtjänsterna. Den skulle komma att vara i 3 år, ända till giftermålet med Anna Eriksdotter, dotter till Erik Eriksson Trög (1797-1832) från Stjälpshyttan och syster till Stina Cajsa (1826-1858) som skulle bli torparen Jan Carlssons första hustru i Rämsberget och en av anmödrarna till Waller-släkten.

Vid vigseln med Nils 1848 hade Anna varit piga i 8 år hos brukspatronen på Rämmens Herrgård.

I samband med giftermålet flyttade de unga nygifta till Tandfallet i Rämmen. Strax efter giftermålet och flytten till Tandfallet föddes 1849 sonen Erik, som märkligt nog skulle bli deras enda barn.

Efter 7 år som torpare i Tandfallet följt av 15 i Holmsjöhöjden flyttade den lilla familjen 1871 tillbaka till Dalkarlssjön, till ett arrende på Per Larssons egendom.

Generation 10

Erik Nilsson (1849-1924) och Stina Eriksdotter (1851-1940)

Vid familjens återflytt 1871 till Dalkarlssjön var Erik 22 år och giftasvuxen. Där fanns då sedan 3 år den 20-åriga Stina Eriksdotter som piga hos bergsmannen Olof Larsson på Bergsmansgården.

Stina hade haft en svår uppväxt med en ung, ensamstående mor. Hon föddes i Änggruvan 1851, men blev faderlös redan som 2-åring då hennes far, skomakaren Erik Jonsson (1827-1853) dog av *"blodstörtning"*, bara 25 år gammal. Kanske *"blodstörtning"* var prästens sätt att beskriva förblödning efter olycka med något av de vassa verktyg, som fadern använde i sitt skomakeri. Stina hade en yngre broder

52

som föddes några månader efter faderns död och som alltså aldrig fick träffa sin far. Modern, Anna Lisa Andersdotter (1828-1888) blev nu försatt i en mycket svår situation, men med hjälp av underhåll från bruket och stöd från sina föräldrar (Anders Svensson Toffe[78], 1797-1867) och Stina Matsdotter, 1797-1870) hos vilka hon i flera år var inneboende, lyckades hon som fattighjon och änka efter *"Erik skomakare"* föda sig och sina två småttingar.

Stinas farfar, Jonas Andersson (1804-1853) var också skomakare, liksom en hel "släktklan" Sandgrenare i Sandsjön/Sandsjöhyttan.

Enligt husförhörslängden lämnade Stina sin pigtjänst hos Olof Larsson den 24 oktober 1871 för att träda i tjänst hos Eriks far, torparen Nils Hindriksson. Det unga paret försatte uppenbarligen ingen tid. Stina blev omgående gravid så, att den 17 juli 1872, nästan på dagen 9 månader efter flyttdatum, föddes deras dotter Anna Christina!

På Lucia-dagen den 13 december, när dottern redan var 5 månader gammal vigdes de två.

Erik och Stina stannade kvar i Dalkarlssjön efter sitt giftermål 1872 och levde tillsammans med Eriks föräldrar till 1877. Under den tiden utökades familjen med ytterligare 2 döttrar, Wilhelmina, född 1874 och Augusta 1876.

Av allt att döma samsades de två generationerna om samma arrende.

Vinterhalvåret 1874-75 härjade smittkopporna på trakten. Det var företrädesvis barn och unga vuxna i sina bästa år som drabbades. Mellan oktober 1874 och februari 1875 dog inte mindre än 19 personer i Gåsbons socken av smittkoppor men bara 14 av andra orsaker. Den unga familjen i Dalkarlssjön kom inte heller undan. Den 9 februari 1875 dog Eriks och Stinas lilla dotter Wilhelmina i kopporna, inte fullt 9 månader gammal.

År 1877 lämnade de två familjegenerationerna tillsammans Dalkarlssjön och hamnade 1878 i Åsarna efter ett kort mellanspel i Nyhöjden.

---

78 Ursprunget till det egendomliga namnet *"Toffe"* är oklart. Även Anders broder Lars antog/fick samma namn. (Monica Fogelqvist: https://forum.genealogi.se/index.php?topic=36279.0

Till Åsarna flyttade då också det åldrande farföräldraparet Nils (57 år) och Anna (59) tillsammans med ende sonen Erik och hans hustru Stina (Christina) och deras då 3 levande barn.

Erik och Stina var då den tionde och sista generationen i Dalkarlssjön på denna släktgren, härstammande från "Sigfrid finne", sannolikt Dalkarlssjöns första nybyggare.

I Åsarna skulle barnaskaran utökas med ytterligare sju barn, bl.a. författarens farmor Hanna Mathilda, som föddes där 1880.

Hanna Mathilda skulle, liksom de flesta av sina syskon, komma att lämna trakten i slutet av 1800-talet för att tillsammans med Lång-Christopher-ättlingen Karl Persson Låås söka sin framtid i det framväxande sågverksindustrisamhället Vansbro i Västerdalarna.